Julius Knoevenagel, Wilhelm Ryssel

Vollständiges, praktisches Lehrbuch der stolzeschen Stenographie

Für Schulen und zum Selbstunterricht

Julius Knoevenagel, Wilhelm Ryssel

Vollständiges, praktisches Lehrbuch der stolzeschen Stenographie
Für Schulen und zum Selbstunterricht

ISBN/EAN: 9783743441071

Hergestellt in Europa, USA, Kanada, Australien, Japan

Cover: Foto ©Paul-Georg Meister /pixelio.de

Weitere Bücher finden Sie auf **www.hansebooks.com**

Vollständiges, practisches

Lehrbuch

der

Stolze'schen Stenographie.

Für Schulen und zum Selbstunterricht

bearbeitet

von

Julius Knoevenagel, Dr. phil.

und

Wilhelm Ryssel.

Mit 32 lithographirten Tafeln.

Fünfte Auflage.

Hannover.
Carl Meyer.
Hinüberstraße 18.
1877.

Vorwort zur ersten Auflage.

Unter den stenographischen Lehrmitteln fehlte es bisher an einem Buche, das, gleichzeitig dem öffentlichen und Selbstunterrichte dienend, dem Schüler nach einer leichtfaßlichen Methode das Stolze'sche System in seinem ganzen Umfange vorführt und zur Einübung desselben mit ausreichendem Schreib- und Lesestoff versehen ist. Diesem längst gefühlten Mangel will das vorliegende Lehrbuch abhelfen.

Um die bei einer rein systematischen Behandlung unvermeidlich eintretende Häufung des Stoffs und die daraus entspringende lückenhafte Aneignung desselben von seiten des Schülers zu vermeiden, ist im vorliegenden Lehrbuche der aus dem Inhaltsverzeichnisse ersichtliche, practisch bewährte Gang eingeschlagen, welcher durch Zerlegung des Stoffs in möglichst kleine Abschnitte unter Beigabe ausreichender Lese- und Schreibübungen den Gebrauch unseres Lehrbuches selbst bei wenig begabten Schülern ermöglicht. Für diejenigen Lehrer, welche an der frühen Einführung der Sigel etwa Anstoß nehmen möchten, sind in den ersten sieben Nummern die Aufgaben über Sigel von den andern Aufgaben getrennt gehalten.

Wer die Schwierigkeit der Auffindung von brauchbaren Uebungssätzen kennt, wird entschuldigen, wenn dieselben nicht überall ihrem Inhalte nach ansprechen. Zuweilen sind absichtlich übereinstimmende Sätze in den Lese- und Schreibübungen verwendet. Auch die Aufnahme von Namen wenig bekannter Städte, wie Lehe, Veile, wird der Zweck entschuldigen.

Die Verfasser wurden bei ihrer mühevollen Arbeit einzig und allein von der Liebe zur Sache beseelt, und wünschen, daß das uneigennützige Geschenk unseres verewigten Meisters an das deutsche Volk, daß die deutsche Kurzschrift durch das vorliegende Werk in die weitesten Kreise getragen werde.

Hannover, im August 1867.

Die Verfasser.

Vorwort zur vierten Auflage.

Der stenographische Verein zu Berlin hat seit dem Erscheinen der dritten Auflage dieses Lehrbuches das Stolze'sche System wesentlich verändert und durch Aufgeben wichtiger Kürzungsprincipien — z. B. des Präfigirens des Artikels und der Präpositionen, der Sigel für Begriffswörter und einiger Formwörter — die Möglichkeit geboten, den Unterricht abzukürzen. Die durch einen solchen abgekürzten Unterricht etwa zu erringenden Vortheile sind indessen nach unserer Ueberzeugung so unbedeutend, daß auch nicht ein einziger der mit dieser vereinfachten Methode — welche kaum noch berechtigt erscheint, den Namen des Erfinders an der Spitze zu tragen — in die Erscheinung tretenden Nachtheile aufgewogen wird.

Wir haben daher auch in dieser vierten Auflage an dem von Stolze überlieferten, durch die Praxis bewährten System festgehalten.

Hannover, Mai 1873.

Die Verfasser.

Vorwort zur fünften Auflage.

In den letzten Jahren sind von verschiedenen Seiten Versuche gemacht worden, die Stolze'sche Stenographie zu einer einzeiligen Schrift umzugestalten. Mögen diese Bestrebungen auch von großem Interesse für die Fortbildung der Stenographie sein, zu einem bemerkenswerthen, practischen Resultate haben sie bislang nicht geführt. Keiner dieser in die Oeffentlichkeit getretenen Versuche ist im Stande, Anspruch auf Ersetzung des Stolze'schen Systems machen zu können. Alle bleiben weit hinter der Einfachheit und Folgerichtigkeit desselben zurück und keiner entspricht den Anforderungen der Kürze, welche man mit Recht an eine stenographische Schrift stellen muß. Stolze ist allen voraus, denn sein System bedarf keiner Zerlegung in einen obligatorischen und einen facultativen, nur für den Practiker bestimmten Theil. Auch ist nicht ersichtlich, welche fördernden Momente man in den stenographischen Mechanismus einfügen könnte, um den Stolze'schen, so einfachen und so eng mit der Dreizeiligkeit verbundenen Sigelapparat in einer einzeiligen Schrift entbehren zu können. Setzt man in einer solchen einzeiligen Schrift gewisse, mit einem Anstrich auf der Linie beginnende Sigel über die Linie, so will das etwa eben so viel sagen, wie wenn ein Kind, auf dem Tische stehend, ausruft: „Seht, wie groß ich bin!" Das Kind will vergessen machen, daß es nicht auf der Erde steht, und jener Anstrich will vergessen machen, daß die betreffenden Sigel nicht auf der Linie stehen.

Wir halten auch nach jenen Versuchen — und mit um so festerer Ueberzeugung — das Stolze'sche System, wie es sich in der Praxis so vorzüglich bewährt hat, für das brauchbarste und für Unterrichtszwecke geeignetste.

Hannover, April 1877.

Die Verfasser.

Inhaltsverzeichniß.

40. Endungen mit dem Vocal a.
41. „ „ „ „ i.
42. „ „ „ „ u.
43. „ „ „ „ e.
44. „ „ „ „ ei.
45. Anschluß der Endungen an Sigel.
46. a) haben. b) sein. c) werden. d) dürfen, können, mögen. e) lassen, müssen. f) wollen, sollen.
47. Präpositionen als Präfixe.
48. Abkürzung von Monatsnamen ꝛc.
49. Ausgänge von Adverbien, Zahl- und Fürwörtern.
50. Zusammengesetzte Formwörter.
51. Fortsetzung.
52. Fortsetzung.
53. Anwendung der Dehnungszeichen.
54. a) Anfügung der Endsilben er und el an Namen. b) Anwendung des Apostrophs. c) Fortsetzung. d) Bezeichnung langer Vocale durch den Circumflex. e) Aufhebung der Sigelbedeutung.
55. Fremde Vocale in den Hauptsilben. Phonetisches i vor l.
56. Bildliche Bezeichnung der Vocale in fremden Wörtern und Eigennamen.
57. a) y als Consonant. b) Der sanfte Zungenzischlaut. c) ph, th, nth, sth, c, durch f, t, nt, st, k, bezeichnet. d) nqu und nc. e) qu. f) q. g) tth, pph, cch.
58. Mehrfache Consonanten in fremden Wörtern und Namen.
59. a) in— (Assimilation). b) ob—. c) ex—. d) extra—.
60. a) —é, —ée, —er, —et. b) —io. c) —ion. d) —ator, —itor, utor ꝛc.
61. a) —al, —ar, äer. b) —ière. c) —abel, —age, —ad, —ac.
62. a) ad—. b) a—, amb—. c) al—. d) ana—, ante—, anti—, ant—.
63. a) —az, —iz, —ic. b) —enz, —anz, —ence, —ance. c) Oben an t angeschlossene Endsilben.
64. a) ab—. b) apo—, epi—. c) pro—, pros—, proto—. d) prä—, pre—, präter—. e) para—, per—, peri—. f) poly—, pseudo—.
65. a) cum—, con—. b) contra—, contre—, contro. c) Sigel. d) circum—, cata—.
66. cap, capit cept, cip, cop (corp), coup (cup, cult), cent, central, Charakter.
67. Gebrauch deutscher Stammsigel in fremden Wörtern.
68. a) fact, fect, firm, form (Variante von fort), fract (Variante von frag). b) —ificat, —ification ꝛc.
69. —tät, —stät, —tativ.
70. a) dic (dict), doc (doct), duc (duct), Disciplin, Doctrin. b) dis—, dia—, de—.
71. me—, re—, ra—, se—.
72. a) rect, reg, rig, rog, lect, lig, log, lustr, ject. b) —log, —graph, —krat. c) Biograph, Paragraph, Stenograph. d) royal, loyal, local, legitim, legislat.
73. a) stat, stit, vers, vol, serv, sign, sol, sult. b) sub—, sus—, sür—, super—, supra—, syn—.
74. a) —as, —isation, —asmus, —ismus, —isiren. b) —enisch, —anisch, —inisch, —onisch, —enser.
75. a) eu—, ultra—, en— (em—), ren—, entre—, un—, uni—. b) inter— (intel—), intro—. c) Interesse, Individuum.
76. a) meta—, mono—, hypo—, hyper—, hetero—. b) harmon, herm, histor, honor, hum, human.
77. a) german, genus, gouvern, gymn, grammat. b) kathol, evangel.
78. biblio—, philo— (phil—), physio—, amphi—.
79. a) test, Termin, thek, Triumph. b) scrib, script. c) trans— (tra—), post—.
80. Zahlzeichen.

Sigelverzeichniß.

Die hier nicht aufgeführten Sigel sind bei ihrem betreffenden Anlautzeichen, die Hülfszeitwörter in Nr. 46, die Fremdwörtersigel nach dem Inhaltsverzeichniß aufzusuchen.

Abkürzungen.

Anl. = Anlaut.
Ausl. = Auslaut.
Inl. = Inl.
Hf. = Hauptform.
Af. = Anlautform.
Nf. = Nebenform.

Vollständiges, practisches
Lehrbuch
der
Stolze'schen Stenographie.

1.

Die stenographischen Buchstaben sind Theilzüge der gewöhnlichen Schrift. Die Ovale, welche r und l in der stenographischen Schrift bezeichnen, finden sich z. B. in den Zeichen s, p, S (siehe Tafel 2. [1]).

Auf der Tafel stehen zunächst die Zeichen: **r, l, m, sp, mp, h, n, f, pf, d.**

l, m, h, n haben die Höhe der kleinen lateinischen Buchstaben und werden einstufig genannt; **sp, f, d** sind zweistufig, **mp, pf** dreistufig, **r** halbstufig. Diese Größenverhältnisse finden sich ebenfalls in der gewöhnlichen Schrift (s. Tafel 2. [2]).

Die stenographischen Buchstaben werden ohne hervortretenden Druck geschrieben; eine leichte Verstärkung des abwärts gezogenen Theils entsteht von selbst.

2.

a) **Inlaut E.** In der geschlossenen Stammsilbe steht der Vocal zwischen Consonanten, zwischen **Anlaut** und **Auslaut**; Anlaut sowohl wie Auslaut können aus einem wie aus mehreren Consonanten bestehen, können **einfach** oder **mehrfach** sein; der Vocal heißt **Inlaut**. Der Inlaut **e** wird dadurch bezeichnet, daß der Anlaut mittelst eines Bindestriches mit dem Auslaut verbunden wird.

Die Dehnungszeichen, welche die gewöhnliche Schrift anwendet, werden nicht geschrieben (Begründung siehe 5). Große Anfangsbuchstaben hat die stenographische Schrift nicht. **r** und **l** werden im Anl. links herum (von unten nach oben), im Ausl. rechts herum (von oben nach unten) geschrieben. Lehm, Mehl, Speer, hehl, Fehl, Reh [3]).

Folgende ähnlich lautende Wörter sind zu merken: Heer, hehr, Meer, mehr, leer, lehr [4]); wo die gewöhnliche Schrift einen Doppelvocal setzt, ist hier das **r** rechts herum (regelrecht) und, wo die gewöhnliche Schrift ein Dehnungs-**h** hat, links herum angeschlossen.

b) **Die Endung e** wird durch einen schräg aufwärts gezogenen kurzen Strich bezeichnet, welchen man da dem Stamme anfügt, wo der letzte Buchstabe aufhört. Hede, Rehe, Heere, hehle, Lehre [5]).

Aufgabe zu 2. Rehe, fehle, Speere, Hede, hehle, hehre, Heere, mehre, Meer, leere, lehre, Rede, Hespe, Lehe, Hefe.

c) **Sigelzeichen.** Wird ein oder werden mehrere Buchstaben für ein ganzes Wort gesetzt, so heißt diese Abkürzung ein **Sigel**, und zwar unterscheidet man Wortsigel (Abkürzungen für Wörter) und Silbensigel (Abkürzungen für Silben). Diese Abkürzungen haben immer dieselbe Bedeutung: **her, letzt, Vetter, fern,** letzte, ferne[6]).

3. Inlaut Ei.

a) Wird der Auslaut in doppelte Entfernung vom Anlaut gestellt (weite Verbindung), so ist nicht mehr **e**, sondern **ei** bezeichnet. Reh, Reih, Hede, Heide[7]).

b) **er** nach **ei.** r nach ei wird nicht ohne Zwischenschiebung eines **e** gesprochen; daher Feir = Feier. Folgt dagegen auf **e** ein Vocal, dann ist **e** nicht zu ergänzen. Feier, Leier, feire, leire[8]).

Aufgabe zu 3 a, b). Lehe, Leihe, Rehe, reihe, fehle, Feile, Beile, Speer, Speier, leere, Leier, leire, Mehl, Meile, Lehm, Leim, Hede, Heide, leide, reife, hehle, heile, Feier, feire, Pfeife, leihe, mehr, Mehl.

c) **Sigel. Mein, dein, speis, Pfeil.** Deine Speise. Meine Pfeile[9]).

Aufgabe zu 3 c). Meine Leier feire deine Rede. Meine Lehre heile dein Leid. Speise mein Heer. Pfeife mehr, Vetter! Ferne, heile mein Leid. Meide meine Speere. Leihe deine letzte Hefe her. Reime deine Rede. Leihe mehr Pfeile.

4. Inlaute A und Ä.

a) Wird der anlautende Consonant mit einem deutlichen Druck (verstärkt) geschrieben, so bezeichnet der kurze Bindestrich die Stelle, wo **a**, der lange Bindestrich die Stelle, wo **ä** zu lesen ist. Die Verstärkung des Anlautzeichens dient zur Unterscheidung des starken Inl. **a** von **e**, seinem schwachen Nebenlaute. Pfahl, Pfähle, lahm, Rahm, Lampe[10]).

Wie aus den letzteren Beispielen ersichtlich, werden die Anl. **r** und **l**, enge Verbindung vorausgesetzt, abweichend von der gewöhnlichen Schreibweise (2a) rechts herum geschrieben, wenn der Ausl. mit einem nach der linken Seite sich öffnenden Bogen beginnt und den Anl. überragt.

Aufgabe zu 4 a). Mahl, lahm, rar, Rampe, Lampe, Pfad, fade, Haspe, spähe, mähe, fahl. Pfahl, Pfähle, Mähre, Rahm, Haar, Dame, Made. Fahle Haare. Spare Leim. Leere Fähre. Fahre heim.

b) **Sigel. lang, Mann** (**man**), **spät, ha, Vater, fast, Pfand, da**[11]).

Aufgabe zu 4 b). Lange fahle Haare. Man meide meine Pfade. Fahre spät heim. Dein Pfand. Mein Vater. Ha, Mann! da leime deine Speere. Meine fast leere Lampe.

5. Doppel=Consonanten.

Die Verdoppelung der Consonanten wird durch ihre starken Zeichen ausgedrückt. Zum Beispiel: ein starkes **r, l, m, f** oder **d** im Ausl. bezeichnet die Verdoppelung dieser Consonanten. Durch Doppelconsonanten (sowie durch auslautende mehrfache Consonanten) ist die Verschärfung des Vocals der Stammsilbe angezeigt, und hierdurch sind eben die Dehnungszeichen entbehrlich. (S. 2a.) Lamm (lahm), hell (hehl), Fall (fahl), Fell (fehl), sperr (Speer)[12]).

Aufgabe zu 5. Herr, Heer, hehr, Haare, harre, hell, hehle, Halle, raffe, Laffe, hemme, Hamm, reime, ramme, Dame, Damm, Dämme, fahre, Pfarre, Fall, Fälle, Felle.

[illegible] 1. [illegible]

[illegible] 2. [illegible]

3. [illegible] = Leben, [illegible] = Masse, [illegible]

4. [illegible] = Haar, [illegible] = sehr, [illegible]

5. [illegible] = Hude, [illegible] = Rabe, [illegible] = Haare, [illegible]

Leseübung: [illegible]

6. [illegible] = fern, [illegible] = letzt, [illegible] = Wetter, [illegible] = ferne, [illegible]

Leseübung: [illegible]

7. [illegible] = Rab, [illegible] = Reich, [illegible] = Hude, [illegible] = Haide.

8. [illegible] = Seine, [illegible] = Leine, [illegible] = feine, [illegible]

Leseübung: [illegible]

9. [illegible]

Leseübung: [illegible]

10. [illegible] = Pfeife, [illegible] = Pfeifle, [illegible]

Leseübung: [illegible]

11. [illegible]

Leseübung: [illegible]

12. [illegible]

Leseübung: [illegible]

1. [illegible]. Lind, fiel, Rinne, Riff.
Leseübung: [illegible]

2. [illegible]
Leseübung: [illegible]

3. [illegible] 4. [illegible] 5. [illegible]
6. [illegible]
Leseübung: [illegible]

7. [illegible] 8. [illegible] letzter [illegible] 9. [illegible]
Leseübung: [illegible]

6. Inlaut I.

a) Alle Stammsilben mit dem höher als a klingenden Grundlaut i haben ihren Platz eine Stufe über der Schriftlinie. Es wird also über der eigentlichen (gezogenen) Schriftlinie eine zweite Linie (i-Linie) gedacht, auf welche die Stammsilben mit dem Inl. i gestellt werden. Der Anl. wird nicht verstärkt, die Verbindung zwischen Anl. und Ausl. ist eng.

Lied, fiel, Riem, Riff[1]) (ie in Eigennamen s. 53).

Aufgabe zu 6 a). Diele, Dille, Spille, Riffe, fiel, lief, Rispe, mied, Dieme, liehe, Vieh, Pfiff, Lied, Ried.

b) **Sigel. Ließ, mit (mitt), Mittel, mir, spiel, hier, viel, finster, Pfingst, die**[2]).

Aufgabe zu 6 b). Leihe mir dein Vieh. Ließe mir dein Vater meine Lampe. Spiele viele Spiele hier mit. Mein Lamm lief mit. Meide finstere Pfade. Meier lieh mir viele Mittel. Die spät hier lief, die rief mein Vater. Man ließ mir meine Felle. Mahle viel Mehl.

7. Vorsilbe ver. Endungen en, em, er, el.

a) Die Vorsilben werden mittelst eines Verbindungsstriches da dem Stamme angefügt, wo der Anl. beginnt. Die Vorsilbe **ver** wird durch **v** ausgedrückt (Silbensigel). Verfiel, vermeide, verdamme, verlief, verleihe[3]).

b) Die Endung **en** wird bezeichnet durch einen wagerechten Strich von einfacher Länge (Nebenform des n); **em** durch dasselbe Zeichen von zweifacher Länge (Nf. des m). Zeichen, welche sich in horizontaler Richtung ausdehnen, sind entweder von einfacher oder von zweifacher oder von vierfacher Länge. Reden, liefen, leeren, lehren, lallen, feilen, hellem[4]).

c) **r** oder **l**, auf den Stamm folgend, bezeichnet die Endung **er** oder **el**. Schließen diese Endungen das Wort, so werden sie in Endbogen des Ausl. eingeringelt. Leder, Hehler, Liedel, Haspel, reifer, reifre, reifere[5]).

d) Schließt sich an **en** eine andere Endung an, so wird **en** etwas aufwärts gezogen und die nachfolgende Endung mittelst eines Häkchens angehängt. Vermiedene, vermiedenen, vermiedener, vermiedenem, vermahlene, vermahlenen, vermahlener, vermahlenem[6]).

Aufgabe zu 7 a—d). Verdammen, verfielen, vermeiden, verleihen, verliefen, verrammen, versparen, Meiler, Mäher, Raspel, Maler, Hafer, Pfeifer, fahler, fahlere, fahlerer, Hammer, hämmere, hämm're, lahmer, verladener, verladenem, verliehener, verliehenem, Lieder, verleiden, verfallener, verhehlen.

e) Die Anfügung der Endungen **e, en, em** an Sigel geschieht ebenso wie an ausgeschriebene Stämme. Lang, lange, Verlangen, vielem[7]).

Die Endungen **er, el** werden an ein Sigel, dessen Zeichen Anlaut sein kann (nur solche Sigel sind bisher gelehrt), eine halbe Stufe höher stehend angeschlossen, um das Endungszeichen von den Auslauten **r, l** zu unterscheiden. Letzter, vieler, Spieler, vermittele (vermittle)[8]).

Geht der Vocal eines Sigels in den Uml. über, so wird an dasselbe ein einstufiger Schrägstrich (Bindestrich, Umlautstrich) angehängt, an welchen sich die Endungen anschließen, und zwar **e, en, em** mittelst eines Häkchens.

Vater, Väter, langer, länger, verpfände, verpfänden, Pfänder[9]).

Aufgabe zu 7 e). Meine langen Pfähle vermeide. Langer Pfad. Längere Pfade. Mein Maler male viele Lämmer. Heere, die hier ferne fielen, liehen Speere deinen Spielen. Verdamme meine Rede. Vermeide finstere Riffe. Meine Leiden heilen spät. Heile meinen fast lahmen Lehrer, Vater. Feire Pfingsten mit. Ha, langer reifer Hafer! Verlange deine Pfänder. Verliere deinen letzten Heller. Spiele

1*

später mit. Verheere meinen Pfad. Verpfände meinem Vater deine vielen Lämmer. Leihe meinem Pfarrer deinen Hafer. Harre länger. Mahle mir mein Mehl später. Spieler, die hier lange spielen, verlieren. Speise hier mit. Mehrere Pfeiler fielen. Meine letzten Männer fielen hier.

8. Inlaute U, Ü, O, Ö.

a) Wie die Stammsilben mit dem hochklingenden Inl. **i** eine Stufe über die Linie gesetzt werden, so werden die Stammsilben mit den tiefklingenden Inlauten **u**, **o** und deren Umlauten **ü**, **ö** eine Stufe unter die Linie gestellt. Zur Bezeichnung des starken Inl. **u** wird das Anlautzeichen verstärkt, während zur Bezeichnung des schwachen Nebenlauts **o** das Anlautzeichen unverstärkt bleibt. Bei den Umlauten **ü** und **ö** tritt die weite Verbindung ein. Lud, Spule, Lumpen, spülen, Pfühl, Müller, hohl, Dom, Rom, Höhle, Römer, Röhre[1]).

Zu unterscheiden: Moor, Mohr[2]).

b) **Sigel. Rück, Luft, los (Los), Spur, Spott, hundert, hoch (hoh), Volk, für (führ), fort, fünf, Pfund, du, dort**[3]).

Aufgabe zu 8. Hole mehr Hede. Mehrere Mohren fielen. Fahre mir mehrere Fuder Hafer. Muhme, höre. Rufe mir Meier. Rühre mal Leim. Höre, Herr Pfarrer. Mehrere Hörer murren. Mehrere Rudel Rehe. Lämmer hüpfen. Leihe meiner Muhme deinen Pfeffer. Leihe mir meiner Muhme Muffe. Höre meinen Vater lange reden. Hole die lange verlorenen Rollen her. Späher hören deine Rede. Hundert Müller mahlen viel Mehl. Meine Mohren spotten deiner. Hundert Männer verloren meine Spur. Da du deine letzten Mittel verloren, verliere meine letzten hundert Pfund. Meine Lieder deine Luft. Meine Lämmer liefen dort. Mein Vater ließ die lange verfallenen Pfänder verlosen. Hohe Herren verlangen viel.

9. Inlaute Eu, Au, Äu, Ai.

a) Steht der Anl. unverstärkt auf der Linie, der Ausl. aber eine Stufe unter der Linie, so ist der Inl. **eu** bezeichnet. Wird bei derselben Stellung der Consonanten das Anlautzeichen verstärkt, so ist **au** ausgedrückt. Der Uml. **äu** ergiebt sich aus **au** durch Anwendung der weiten Verbindung. Die wenigen Stammsilben mit dem Inl. **ai** stehen über der Linie mit verstärktem Anl. und weiter Verbindung. Heulen, Maul, Haufen, Raum, Mäuler, häufen, räumen, Maid, Haide[4]); (siehe Taf. 33[4]).

b) Nach Doppellauten wird **r** nicht ohne Zwischenschiebung eines **e** gesprochen: Feur = Feuer, Mauer, Häuer; dagegen feure, Maurer[5]). — (Vergleiche 3 b.)

Aufgabe zu 9. Lange Mauer. Faule Mispel. Finsterer Raum. Rollen laufen. Viele deiner Maurer fehlen. Mein Vater ließ mir meinen Läufer. Lose Mäuler. Führe fünf Maurer her. Rauhe Pfade vermeide. Deine Mohren laufen fünf Meilen. Rücke deine Mauer fort. Leere Räume. Mein Vater fuhr fünf Haufen Hafer fort. Hier laufen fünf rauhe Lämmer. Mahle mir mehrere Haufen Hafer. Mein Vater ließ heuer viel Hafer mahlen. Räume die lange verfallene Mauer fort. Räume deine Leier fort. Deine Muhmen meinen, mein Spiel daure lange. Harre, Maid.

10. Artikel Die.

Der Artikel wird mit dem nachfolgenden Haupt- oder Eigenschaftswort verbunden.

Die Pfarre. Die Maid. Die Mühle. Die Lämmer. Die Lampen. Die verfallenen Pfänder. Die lange verfallenen Pfänder[6]).

Aufgabe zu 10 siehe Seite 34.

1.

2.

Leseübung:

3.

Leseübung:

4.

5.

Leseübung:

6.

Leseübung:

1\. [shorthand]

Leseübung: [shorthand]

2\. [shorthand] 3. [shorthand] 4. [shorthand]

5\. [shorthand] 6. [shorthand]

Leseübung: [shorthand]

7\. [shorthand]

8\. [shorthand] 9. [shorthand]

Leseübung: [shorthand]

11. Zusammengesetzte Wörter

bestehen in der stenographischen Schrift aus eben so viel Theilen als Stammsilben in denselben enthalten sind. Die einzelnen Theile werden möglichst nahe aneinander geschrieben. Der Geübte darf sie auch, wo es bequem ist, verbinden. Hafermehl, Viehdiele, Heilmittel, Mahlmühle, Dompfaffe, Lohmüller, Maulsäule, Viehhof, Hofvieh, Lämmerfell, Fernrohr [1]).

12. T, Th.

a) **T** und **th** sind dreistufige Zeichen. Die eingeklammerte Form für **th** wird nur gebraucht, wenn ein voraufgehendes Zeichen damit verbunden werden soll. Tell, Theer, Tadel, Thal, die Thäler [2]).

b) **T** ist das einzige Zeichen, welches im Ausl. auch in umgekehrter Richtung, von unten nach oben, geschrieben werden kann. **T** sowohl wie **th** werden im einfachen Ausl. durch das dreistufig aufwärts gezogene **t** bezeichnet, an welches sich die Endungen **e, en, em** mittelst eines Häkchens oben anschließen. Um den Umlaut auszudrücken, wird das aufwärts gezogene **t** schräger gelegt. Hut, hüt, Rath, räth, Hüter, rathen, die Räthe, heiterer, heitrer [3]).

c) Das Doppel-**t** (ein starkes **t**, vergleiche 5), sowie das **t** nach den Inlauten **au, äu, eu** müssen selbstverständlich abwärts gezogen werden. Hütte, Matte, heute, Haut, die Häute [4]).

d) Das auf einen Consonanten oder auf ein Sigel (oder auf einen buchstäblich geschriebenen Vocal, siehe 35 e und 36 c) folgende **t** wird zweistufig aufwärts gezogen. Leimt, halt, ruht, tadelt, füttert, lost (loth), spürt [5]).

e) Die Endung **et** ist ein dreistufiges **t**, welches entweder aufwärts oder abwärts gezogen wird. Mit einem voraufgehenden zweistufig aufwärts gezogenen **t** wird die Verbindung mittelst eines Häkchens hergestellt. Leimet (leimt), malet, heulet, ruhet, hütet, riethet, leitet, leitetet, tadeltet, füttertet, verspürtet [6]).

Aufgabe zu 12 a—e). Tadel, tadele, tadelt, tadeltet, theuer, vertheuert, vertheuertet, die Ruthe, ruhte, Loth, löthen, löthet, die Matte, mäht, mähte, mähtet, mähet, Rath, rathet, riethet, rittet, lauft, laufet, rauft, raufte, tapfre, tapfere, tapfren, tapferem, tapfrer, tapferer, heiter, heitere, heitrer, heitrem, heiterem, heult, heulet, heultet, lehrt, lehret, lehrtet, leert, leeret, leertet, verheertet, vermittelt, verließt. Die Verräther vermeiden tapfere Männer. Rettet die tollen Hirten. Dein harter Tadel verleidet mir ferner die Lust. Die Reiter ritten später fort. Haltet Hader fern. Die faulen Leute feierten. Die Heilmittel verhüteten fernere Leiden. Mein Vater verlangte die verlaufenen Hammel. Mein Vater räumt Pfingsten die verrufene Hütte. Die mittleren Pfähle hielten länger. Deute mir deine Rede. Die Pfarrer tauften heute. Die verrathenen Leute liefen fort. Verpfände meine letzten Mittel. Rufet meinen Vater her! Man tadelte deine lange Rede. Mein Führer speist hier mit. Die Meute spürte die fernen Rehe. Die Hirten hüteten heute lange. Hier vermuthete man die Spieler. Da verrückten die Maurer die verfallene Lehmmauer. Heiterer Himmel, meine Lust.

f) Die Endung **et** nach Sigeln, deren Zeichen als Anl. vorkommt (andere Sigelzeichen sind bisher nicht gelehrt), wird durch das höher gestellte zweistufig aufwärts gezogene **t** bezeichnet, welches mittelst eines Häkchens anzuschließen ist. Loset (lost, Loth), spuret (spurt, sput), löset (löst, löth), spielet (spielt), führet (führt) [7]).

g) Lautet das Sigel auf ein **d** oder **t** aus, dann fällt Höherstellung und Häkchen fort. Spottet, fastet, verspätet, pfändet [8]).

h) **Sigel. Tag, Tod, Tugend, Theil, That, Thier, Thor, thu** [9]).

Aufgabe zu 12 f—h) siehe Seite 34.

13. N.

a) Im Anl. die stehende Form (Anlautform), im Ausl. des Stammes und der Endsilbe die liegende (Hauptf.). Der Gebrauch der Nf. zur Bezeichnung der Endung **en** ist schon bekannt.

Nähe, Neid, nimmer, Hahn, Miene, lispeln, nennen, Donner, donnern, Männern, vermitteln, vermahlne[1]); (vergl. „vermahlene“ 7 d).

b) Der lange Bindestrich wird mit dem auslautenden **n** (aber nicht mit **nn**) derart vereinigt, daß das **n** die doppelte Länge erhält.

Hain, nein, Löhne, dünn[2]).

c) Nach **au** und **eu** werden zur Bezeichnung dieser Laute **n** und die Endungen **en** und **em** schräg abwärts gezogen.

Neun, Daunen, Faun, neuen, neuem, Pfauen[3]).

Aufgabe zu 13 a—c). Meine Mutter ließ mir die thönerne Pfeife. Die verlorenen Hennen nahen. Die Haine. Die Spötter verhöhnen die Tugend. Die neuen Lehmmauern verfallen dort. Die neun Ritter hielten dort Rath. Mein neuer Viehhof verlangt viel Futter. Nenne mir deinen Namen. Nimmer ruheten die Neider. Mein Vater nahm mir heute die neuen Hüte fort. Ferner rollen die Donner. Leihe meiner Muhme deine Pfanne. Die neun neuen Näpfe fehlen. Mein Neffe verlor heute neun Thaler. Die Rehe naheten, man spannte die Hähne. Vielen Rädern fehlten die Reifen. Hier fallen viele Spähne. Man tadelte viel die hohen Sporteln. Haltet die Fahne hoch. Räumet die Tenne. Hier fehlen mehrere Nullen.

d) Die Af. des **n** im Ausl. stehend, bezeichnet **nd** und stark die Lautverstärkung **nt**.

Hahn, Hand, Huhn, Hund, Hohn, höhnt, nein, verneint, verneinend, verhallend, vermodernd, rathend[4]). (Beachte die Verbindung von **r** mit **nd** in vermodernd.)

Aufgabe zu 13 d). Reine Hände halten die Fahne hoch. Halte reinen Mund. Deine linde lispelnde Laute verrieth mir deine Nähe. Die Feinde landeten. Die Leute verneinten die That. Die Spürhunde verloren die Fährte. Mein Vetter nannte mir die lindernden Heilmittel. Die muntere Maid spielte mit. Die lange dauernde Dürre verheerte die Länder. Verspunde die Tonne. Meiner Muhme spendete man viel Theilnahme. Die Lehrer vermahnten meinen Vetter.

e) Vorsilben **ent** (**ant, emp**) und **un.** Die Hauptform des **n** vor der Stammsilbe stehend, bezeichnet schwach **ent** (**ant, emp**) und stark **un**; über die Verbindung mit dem Stamm vergleiche 7 a).

Enthalten, entrathen, empfehlen, empfinden, Unfall, Unheil, Unrath, entrücken, unverhohlene Reden, die Unthiere[5]).

Aufgabe zu 13 e). Mein Vetter hörte mit viel Theilnahme deinen Unfall. Deinem Vater nahet Unheil. Die langen Namen entfielen mir. Viele murrten unverholen. Deine Rede enthielt viel Spott. Deinen Leuten entfiel die Lust. Räumet die Unrathhaufen hier fort. Unmuth vermehrt dein Leiden. Vermeide die Untiefen. Leider ließ man die Thore unverrammelt. Leihe mir deine unverspielten Heller.

f) Sigel. **Neben, nach, nicht, nie, nieder, niemand, vier, noch, nun, denn, dann, bin, binnen, folgend, Mitternacht**[6]).

Anmerkung. Bei **nie** und **vier** ist zu bemerken, daß Stammsilben mit dem Inl. **ai** nicht abgekürzt werden, daher ist das starke Consonantenzeichen über der Linie ebenfalls zur Andeutung des **i** in Sigeln da benutzt, wo das schwache schon anderweitig verwandt ist. Nach solchen Sigelzeichen ist eine Höherstellung der Endungen nicht erforderlich.

g) Die Sigel **nach, neben** und **nieder** werden in zusammengesetzten Begriffswörtern wie Vorsilben behandelt.

Nachlaufen, nachrufen, nachfahren, Nebenreiter, Nebenmond, niederfallen, Niederlande[7]).

Aufgabe zu 13 f) und g) siehe S. 34.

[Anlautf.] [Hauptf.] [Nebenf.]

1.

2. 3.

Leseübung:

4.

Leseübung:

5.

Leseübung:

6.

7.

Leseübung:

1.

Leseübung:

2.

Leseübung:

3. = geigen, = geigten, = beben, = bebten

Leseübung:

4.

Leseübung:

5.

Leseübung:

14. ng, nk, mpf.

Die Hf. des **n** in einstufiger Höhe von doppelter Länge ist das Auslautzeichen **ng**, welches verstärkt die Lautverstärkung **nk** bedeutet. Das verstärkte **mp** bezeichnet **mpf**.

Dinge, Ringe, Ranke, Undank, Dampf, Rumpf, rümpfen, Lunge[1]).

Kommt **ng** oder **nk** in enger Verbindung mit dem Anl. **l** vor (wie in „Lunge"), so ist es auch gebräuchlich, **l** rechts herum zu schreiben.

Aufgabe zu 14. Man munkelt viel. Die Luft mangelte mir nicht. Nebendinge haltet fern. Die Feinde vertheilten die empfangenen Speisen. Die Mädel verlangten nach hell funkelnden Ringen. Die Räume enthielten dumpfe Moderluft. Vermenge nicht meine That mit deiner Lunge Reden. Da empfand mein Vetter noch deinen Dünkel hart. Hafermangel vernichtete meinen Reitern viele Thiere. Nun hindern meinen Vater die dunklen Tage. Hohen Spielen hinkt Mangel nach. Daunen mangelt man nicht. Hier hinken viele Leute. Mein Vater lenkte die Thiere. Dein hoher Rang vermehrt deine Mittel nicht. Die thönernen Henkeltöpfe ließ mein Vetter fallen.

15. G, B.

a) Im Anl. werden die zweistufigen (Hf.), im Ausl. die einstufigen Formen (Nf.) gebraucht.

Gatte, Gemme, bitter, bot, legen, regen, leben, Reben, Dogge, Robbe[2]).

b) Die Hf. im Auslaut bedeuten beziehungsweise **gt** und **bt**.

Geige, geigte, beben, bebten[3]).

c) Die Nf. von **g** und **b** bezeichnen vor dem Stamme stehend die Vorsilben **ge** und **be**. Erstere kann mit **th** in einen Schriftzug vereinigt werden.

Gegeben, gelegen, gerückt, gerammt, getheert, bebaut, belobt, unbelegt[4]).

Aufgabe zu 15 a—c). Gebet die geraubten Bänder her. Nehmet die bittere Galle fort. Die unbereute That. Lieber Veit, gib mir lieber die Hunde los, mehr verlangt mein Vater nicht. Die Betten enthalten ungefähr vier Pfund Daunen. Lüge nicht! Tobe nicht! Neid gebiert Leid. Unbedeutende Nebendinge hemmten meine Gedanken. Mein Vetter verdient dort Rüge. Hagel verheerte meine Rebengelände. Dein Bier gährt. Neid nagt. Verriegelt die Thür. Die Doggen spürten mir nach. Deine Rede gefällt mir nicht. Hier fehlen noch mehrere Gabeln. Leihe mir deinen Hobel. Fünf Rubel gelten nicht viel mehr denn fünf Thaler. Die Bäume neigten die Gipfel. Hier liegt deine Nadel. Mein Magen verlangt Speise. Tadel behagt mir nicht. Die Lehrer lobten deine That. Halte mir die Bügel. Heute hinken leider die Thiere, da man vielen die Hufe vernagelte. Neben dunkel gemalter Luft nannten mir die Maler noch folgende Fehler.

d) **Sigel. Gern, ganz, Gift, Gott, gut, gethan, beid, bald, Bild, bos, Burg, genau, gewöhnlich, genug, begnügen, vergnügen, wegen, bis, besonders** (**besonder**)[5]).

Aufgabe zu 15 d). Man verlebt die guten Tage gern, meidet die bösen. Die neuen Lauben gefallen mir ganz gut. Die Bohnen gerathen heuer gut. Die Lüneburger Haide enthält nicht viele Laubbäume. Deine Mittel genügen meinem Vater nicht. Wegen vieler böser Thaten, die du gethan, ließ mein Vater deinen Lehrer rufen. Unverhohlene Reden gefallen gewöhnlich nicht. Die dort gebaute Burg gefiel mir ganz besonders. Beide Bürger verließen die Halle. Gewöhnlich wegen Hunger heulte die Meute laut. Gewöhnlicher Mann nicht viel begehrt. Gemeinem Manne genügen magre Speisen. Genaueren Lehrern genügten deine beiden letzten Hefte nicht. Die Länder enthielten viele bedeutende Güter. Die Gifte meide besonders. Die Mohren führten vergiftete Pfeile. Meine beiden Nebenmänner bahnten bald die dunklen Pfade. Die Ritter verließen bald die verfallene Burg. Deinem Vater gebührt besondere Liebe. Unbedeutende Nebendinge hemmten bis heute mein Thun. Gott gibt, Gott nimmt die Leiden. Die Runkeln geriethen heuer nicht gut. Die vergnügten Bauern gingen später heim.

16. Präfixe.

a) Silben, welche mit dem Stamme verbunden werden, heißen **Affixe**, und zwar **Präfixe**, wenn sie vor demselben, und **Suffixe**, wenn sie hinter demselben stehen. Die Präfixe **ver, ge, be, ent, un, nach, neben, nieder** und **die** sind schon gelehrt; **für, fort, mit, mittel, her, los, rück, heim** sind ebenfalls Präfixe.

Fürbitte, fortlaufend, mithalten, Mitgift, Mittelhand, herlegen, losgehen, losbinden, Rückhalt, Rückgabe, heimfallen [1]).

b) Ferner sind als Präfixe zu merken: **gegen, entgegen, hin, hinter, ab, aber, vor, vorder, dar, um** [2]).

Die Abkürzungen **ab, dar** und **um** sind durch den Ausl. gebildet, und verstärkt, um auf **a**, respective **u**, hinzudeuten.

Gegenliebe, entgegengehen, entgegenreiten, hinfinden, hinräumen, Hinterlader, abbiegen, abrathen, vorhalten, Vorderhand, darleihen, darthun, dargethan, umfallen, umlaufen, herabgefallen, hinableiten, herumfahren, umherrollen [3]).

c) Von **gegen, hin** und **ab** sind folgende Wörter abgeleitet (secundäre Sigel). **Gegner, begegnen, entgegnen, Gegend, hinnen, hinten, Abend, Arbeit** [4]). **Aufgabe zu 16** siehe Seite 34.

17. K, P.

a) Die stärker als **g** und **b** artikulirten Laute **k** und **p** haben die entsprechenden dreistufigen Zeichen. Das starke **k** im Ausl. wird in der Currentschrift durch **ck** wiedergegeben.

Käfer, Höker, Höcker, Pillen, Peter, Raupe, Gerippe, Kappe [5]).

b) **Sigel. Kein, kam, Kirch, komm, kunst (Kunst), Person, Paar, Post, Punkt, Pilger, Pilgrim, doppel** [6]).

Ob das starke **k** unter der Linie **kunst** oder **Kunst** zu lesen ist, entscheiden die damit verbundenen Affixe; allein stehend heißt es Kunst. Solche Abkürzungen, deren Bedeutung von den damit verbundenen Affixen abhängt, heißen **variable Sigel.**

Aufgabe zu 17. Hühner, die viel gackern, legen nicht viel. Doppelt genäht hält gut. Die Vögel pickten die Kohlraupen ab. Die fortgelaufenen Thiere kehrten später heim. Lieber Gott, vergilt doppelt die gute That. Gib unbemittelten Leuten doppelt. Keiner verließ die Kirche ungerührt. Viele Personen bemitleideten meinen Vater, aber niemand mehr, denn dein Vetter. Meine Tante verkaufte noch fünf Paar Tauben. Die Rappen liefen die Kinder nieder. Die abfahrende Post enthielt vier Personen. Mein Vater vermuthete die Mitkunft deiner Mutter, aber nicht die deiner Tante, da die Post gewöhnlich nicht genug Raum bietet. Die Pater falteten die Hände. Viele hundert Personen gingen deinem Vater entgegen. Die Doppelpunkte fehlen hier mehrere male. Kecke Buben nahmen meine Kappe mit fort. Necke niemand. Die Lampenkuppel dunkelte ungemein. Die ungekünstelte Rede enthielt viel gute Gedanken. Die Heilmittel bekamen meinen Kindern gut. Niederfallender Hagel kühlte die Luft bedeutend ab.

18. S, st.

a) Das Zeichen für **s** ist einstufig und steht sowohl im Anl. wie im Ausl. der Stammsilbe; **st** ist dasselbe Zeichen zweistufig.

Säcke, siehe, versöhnen, Besen, sausen, verreisen, stecken, Stadt, Rost, verreisten [7]).

b) Die Auslaute **ß** (**ss**) und **ßt** (**sst**), wenn sie auf kurzen Vocal folgen, werden durch die starken Zeichen von **s** und **st** ausgedrückt.

Paß, passen, paßten, hassen, haßten, verfassen, verfaßten [8]).

c) **st** als Endung steht für **est**. Liebest, fühlest, fühltest, leitest, führest [9]).

1\.

2\. 3.

4\.

Leseübung:

5\.

Leseübung:

6\.

Leseübung:

7\.

8\. 9.

Leseübung:

1.

Leseübung:

2.

3.

4.

5.

Leseübung:

6.

Leseübung:

d) **Sigel.** **Sein** (Fürwort), **sammt, sind, Sicht, sonst, Sucht, tausend, stets, statt, bist, stolz, Stück** [1]).

Aufgabe zu 18. Die ungebetenen Gäste ließ man stehen. Hasse die bösen Thaten, nicht die Thäter. Die Kähne enthielten fünf Last Saat. Viele Personen genasen. Viele seiner Diener reisten mit. Dein Rock paßt mir nicht, denn du bist länger. Vier Personen heben die Stempelsteuer. Kennt Niemand die Vögel, die man Nesthocker nennt? Rastest du, rostest du. Die Mastbäume standen nicht fest genug. Die Meisen bauen nicht hoch. Die abgefaßten Diebe sind fortgeführt. Die dicken Pfeiler passen mir hier nicht. Fünftausend Himpten Hafer, vier Last Roggen, mehrere Säcke Mehl sind seine gesammten Vorräthe. Mein Vater ließ stets mehrere Männer mir entgegengehen. Die Stube sammt Bett kostet vier Thaler Miethe, mein Vorgänger gab sonst fünf. Bist du heute nicht besser gelaunt, denn gestern? Man sieht heute nicht viel Gestirne. Die Kähne fassen mehrere tausend Stück Mauersteine. Die tapfren Hessen standen mauernfest. Sein Vater kam statt seiner Mutter. Bist du bald still, meine Vögel singen sonst nicht. Mein Vater heilt die Tobsucht. Viele deiner Leute umstanden die Stätte. Man gestattete mir die Rückkehr. Viele Gifte sind Heilmittel. Die stolzen Römer lehrten verfeinerte Sitten kennen. Mein Lehrer ließ die umgerührte Masse lange stehen. Sumpfgase entsteigen Sümpfen. Diebe stahlen mir gestern meine beiden besten Stück Vieh. Hieltest du die Thiere fest?

19. Sch, nsch.

a) Im Anl. steht das zweistufige Zeichen (Af.), im Ausl. das einstufige (Nf.). Wird mit **sch** ein darauf folgendes Zeichen verbunden, so entsteht am Fuße des **sch** eine Schleife. In den Auslaut **sch** wird die Endung **er** links eingeringelt. Die Nf., in horizontaler Richtung geschrieben, also halbstufig von einfacher Länge, ist **nsch**.

Schaben, Schüler, Tisch, paschen, Lauscher, Punsch [2]).

b) Die Hf. im Ausl. bedeutet **scht**.

Paschten, tischt, lauschten, vermischt [3]).

c) Da Doppel-**sch** nicht gebraucht wird, so steht die starke Nf. für eine andere Lautverstärkung, für den Ausl. **tsch**. Die Hf. im Ausl. (**scht**) verstärkt ist demnach **tscht**.

Peitschen, peitschten, rutschen, rutschten [4]).

d) Die Vorsilbe **ge** kann an **sch** wie beim **th** angeschlossen werden (vergl. Tafel 7 [4]).

Geschiebe, geschabt, aber: die Geschiebe, die Geschosse [5]).

e) **Sigel.** **Schein, Schatz, schien, schick, schön, schon, Schuld, gescheh, geschah, geschieht, Geschicht, Mensch, Wunsch, wünsch** [6]).

Aufgabe zu 19. Die unbeschatteten Rasenbänke. Die schaukelnden Kähne. Abgepeitschte Rosse. Luther verdeutschte die Bibel. Die Kinder schimpften. Bist du beschimpft? Die verhätschelten Kinder. Man ließ niemand ungeschoren gehen. Die Kassenscheine gelten nicht mehr. Heute scheint die Sonne noch heller. Schon gestern nahm meine Tante Abschied. Die Schüler schätzten die Abstände höher. Scham hindert Schande. Nasche nicht Beeren, mein Kind. Die Sommertage sind gewöhnlich schön. Arbeit verschönert dein Leben. Geschickte Leute sind begehrt, ungeschickte niemand begehrt. Unverschuldete Fehler vergib gern. Vier bange Tage sind schon vergangen. Menschen, die nicht getauft sind, nennt man Heiden. Deine Wünsche sind mir Befehle. Dein Vetter kam meinen Wünschen nicht nach. Viele bösen Thaten sind hier geschehen. Liebe deine Mitmenschen. Binnen vier Tagen geschah viel Unheil. Mehrere Schiffe sanken, tausend Menschen kamen um. Die deutschen Kaiser ließen viele feste Burgen bauen. Abgeschossenen Pfeilen gebietet niemand. Vorsicht schadet nimmer. Nadelbäume geben fast gar keinen Schatten. Mein Vater schickte gestern Schellfische mit, heute sind Schollen gekommen.. Die Tanten kauften mir schöne Röcke, die mir aber leider nicht paßten. Die Bäume sind schon entlaubt. Die

Hirten schuldeten mir viele Lämmer. Die Schuldscheine sind verfallen, die mir dein Vetter Pfingsten gab, gieb bessere her. Scheint mir die Sonne nicht? Nie schalt die Mutter. Näscher sind bald Diebe. Beide Hasen sind todt geschossen. Die bösen Kinder rissen die schönen Bäume los. Meine Tante vermischte die verschiedenen Mehlsorten.

20. Mehrfache Consonanten.

Von mehrfachen Consonanten heißt der voraufgehende **Vorlaut**, der nachfolgende **Nachlaut**. Der Ausl. ohne Flexionslaut heißt **rein**, mit diesem verbunden **gemischt**.

Da der Bindestrich die Stelle bezeichnet, an welcher der bildlich bezeichnete Vocal zu lesen ist, so müssen mehrfache Consonanten ohne Bindestrich (unmittelbar) verbunden werden.

a) Diese **unmittelbare Verbindung** wird im **mehrfachen Ausl.** dadurch erreicht, daß der Vorlaut oben an den Nachlaut angefügt wird. Ueber das aufwärts gezogene **t** als Nachlaut vergl. 12 d.

r und **l** als Vorlaute werden in die mit einem links offenen Bogen beginnenden Nachlautzeichen rechts herum eingeringelt, bei anders beginnenden dagegen links herum geschrieben.

Magd, Hanf, sanft, Gips, Verse, hilf, hold, karg, kargt, balgten, balgen, Dorn, Perle[1]).

b) **Sigel. Wird, nirgend**[2]).

Aufgabe zu 20 siehe Seite 35.

21. ß, s.

a) **ß** (einstufig von zweif. Länge) steht nur nach langem Vocal der Stammsilbe (vergl. 18 b).

Beißen (Biß), reißen, vergießt (vergißt), heißt (hißt)[3]).

b) Als Präfix bedeutet dies Zeichen **miß**, als Suffix **niß**. Letzteres schließt sich an Sigel eine halbe Stufe höher stehend an (vergl. 7 e).

Mißfallen, mißrathen, Mißverständniß, Mißverhältniß, Finsterniß[4]).

c) Die Hauptf. des **s** (halbst. von einf. Länge) wird im gemischten Ausl. (20) und als Vorlaut gebraucht. In rechts offne Bogen wird dieses **s** zurückgezogen.

Fehl's (Felsen), Hall's (Hals), Hahn's (Hans), Lebens, bereits, hör's, sag's, gibt's, keins, Vaters, Muskel, Maske[5]).

d) Aus der Hauptf. des **s** und dem zweistufig aufwärts gezogenen **t** entsteht eine Nf. des **st**, welche im gemischten Ausl. gebraucht wird.

Hörst, sagst, fehlst, hältst, führst (Fürst), du dienst (Dienst)[6]).

e) Die Hf. des **s** mit dem **l** dient zur Bezeichnung der Endung **sel**.

Häcksel, enträthseln[7]).

f) Die Nf. des **s** (halbst. von zweif. Länge) bezeichnet die Endung **es**, welche, nach **au**, **eu**, **äu**, schräg abwärts gezogen (vergl. 13 c), an Sigel in gleicher Höhe angeschlossen wird. (Man beachte den Anschluß an das aufwärts gezogene **t** und an den Umlautstrich.)

Starkes, hartes, Falles, Volkes, neues, böses[8]).

g) **Sigel. Sie, so, sehr, sich, solch, selb, sell, selt, als, selbst, wirst, desto, mittels, mittelst, nebst, nächst**[9]).

Aufgabe zu 21. Fund verhehlen heißt so viel als stehlen. Schöne Gestalt verliert sich bald. Volkes Stimme, Gottes Stimme. Karten fort, so verlierst du nichts. Sahst du die Feinde kommen? sie sind mehr als siebentausend Mann stark. Die Gefangenen, die sie mitführten, ließen sich Speise geben, die man sehr gern verabfolgte. Sie

1. [shorthand]

Leseübung: [shorthand]

2. [shorthand] Leseübung: [shorthand]

3. [shorthand]

4. [shorthand]

5. [shorthand]

6. [shorthand]

7. [shorthand] 8. [shorthand]

Leseübung: [shorthand]

9. [shorthand]

Leseübung: [shorthand]

1\. … 2. …

3\. …

4\. …

Leseübung: …

5\. … Leseübung: …

6\. … 7. …

Leseübung: …

8\. …

9\. …

Leseübung: …

schienen sehr müde. Mehrere ließen selbst die dampfenden Schüsseln unberührt stehen. Viele hinkten, sie wünschten nichts mehr, als heile Schuhe. Mein Vater gab selbst seine besten Morgenschuhe her. Viele Leute thaten nichts als gaffen, desto mehr aber half dein Vetter Paul. Seiner Gesellen rasche Hülfe beugte vielen Unfällen vor. Mir selber thaten die vielen Verstümmelten sehr leid. Mehreren sind die Füße abgenommen. Sahst du schon solche Noth? Selten sieht man so viel Leidende. Mir ging's sehr nahe. Man ließ die Feldscheerer rufen, die sehr rasch kamen. Abends schaffte man mittelst mehrerer Bahren die Leidenden fort. Mutter nebst Tante gaben Betten her. Dein Vater meinte, nächstens käme neuer Nachschub. Viel mehr Ketten als beißende Hunde. Lange geborgt, heißt noch lange nicht geschenkt. Dein gut gemeinter Rath sicherte mir deine fernere Theilnahme.

22. Bestimmter Artikel.

a) Ueber den Artikel **die** vergleiche 10. Die übrigen Formen des bestimmten Artikels werden durch ihren consonantischen Ausl. bezeichnet, wobei für **m** und **n** die Nf. gebraucht wird. Der, des, das, dem, den[1]).

b) Diese Formen werden ebenfalls mit dem nachfolgenden Haupt- oder Eigenschaftswort verbunden. **Der** wird in die mit einem Bogen beginnenden Anl., außer **h**, und auch in **l** eingeringelt.

Der Damm, der Pfad, der Kaiser, der Theer, der Hahn, der lieben Mutter, des Lahmen, des Kaisers, das gute Kind, dem Damme, dem Pfade, dem guten Vater, den kühlen Sommer, den finstern Tag, den lieben Vater[2]).

Aber: Die mir geschenkte Birne. Das bunt bemalte Thor. Des längst Verstorbenen gedenke. Die ungemein schöne Rose[3]).

c) **Anmerkung.** Die Formen des bestimmten Artikels werden auch für das gleichlautende Fürwort gebraucht und sind dann nicht Präfixe.

Die Häuser, deren Thüren verrammelt sind. Gedenke derer, die da ruhen. Gott gibt denen, die da bitten[4]).

d) Ferner sind hier zu merken:

Daß, deß, dessen, dies, uns[5]).

Aufgabe zu 22. Kennst du die Vorfälle der letzten Tage? Viele Schiffe unserer Kaufleute scheiterten: die mir genannten Namen der Schiffe sind mir leider entfallen. Der Feldherr, dessen Vorsicht man sonst so sehr gerühmt, verlor das Leben. Die hier verlebten Stunden sind die schönsten meines Lebens. Lösest du mir dies Räthsel, so bekommst du das schönste Stück Vieh meines Stalles. Des Nächsten nie vergiß. Der Teufel feiert nicht. Saget dem Herrn Dank, daß seine Hand uns beschirmte. Halte dem Höchsten deine Gelübde. Unsre Schule feierte heute den Geburtstag des Lehrers. Der langen Ruhe folgte so saure Arbeit, daß viele Leute die Lust verloren. Die Menge des umherstehenden Volkes rief: Heil dem Landesvater! Diesen tapferen Männern gebührt doppelter Lohn. Der Herr hilft den Seinen. Die spät heimkehrenden Gäste verloren den Pfad. Du sagst, daß dies nicht gut, nicht schön, — wirst morgen du dasselbe denken, sagen? Die Thiere sind unseres Herrgotts Kostgänger. Die Geschichte lehrt die Geschicke der Völker verstehen.

23. Ph, W, J.

a) Ersteres dreistufig, letztere beiden zweistufig. Wird mit **j** ein darauf folgendes Zeichen verbunden, so entsteht am Fuße des **j** eine Schleife. Die Vorsilbe **ge** kann an **w** wie beim **th** und **sch** angeschlossen werden.

Die Phasen, werfen, geworfen, der Wurf, Löwe, jubeln, den Jäger, der Jammer, des Jammers[6]).

Zu unterscheiden: Die Waare, wahr[7]).

b) **Sigel. Wer, wem, wen, was, was für, wie, wir, wo, warum, gewiß, will, willst, weil, bisweilen, wohl, weder, wieder, wider, während, keineswegs**[8]).

Je, ja, Joch, jung, Jugend, jener, jeder, derjenige, jedermann, jemand, jedweder[9]).

Aufgabe zu 23 a) und b). Thoren reden nimmer weise. Wer wagt, gewinnt. Die Bahre folgt der Wiege bald. Bejahrte Leute gehen meist gebeugten Hauptes. Ungeladene Gewehre gehen nicht los. Wie die Wiese, so die Weide. Gottes Wort lügt nicht. Verdorbene Waaren finden keine Käufer. Jedem Narren gefällt seine Kappe. Thue wohl, sieh nicht wem. Wer nicht fischt, fängt nichts; wer nichts lernt, weiß nichts. Mein Sohn, meide jede böse That. Wer nicht fortgeht, kehrt nicht heim. Wem das Gesicht fehlt, den führt Gott. Während deiner Jugend lerne. Jede gute That belohnt sich selbst. Jener Mann verlor sein ganzes Gut. Fürwahr, solches Wunder sah man noch nie. Diese Kirschen sind keineswegs diejenigen, die du jüngst bewundertest. Thut jemand Böses, so hasse die That, nicht den Menschen, der sie begangen. Selbst lernt, wer lehrt. Je minder sie verstehn, um desto mehr beweisen sie. Je lieber das Kind, je schärfer die Ruthe. Wer gibt, der liebt. Abendroth, gut Wetter Bot. Worte füllen keinen Sack. Das wahre Verdienst findet selten guten Lohn. Wäge weise deine Worte. Wie das Gespinnst, so der Verdienst. Wenn du gibst, gib gern. Wer spielt, der stiehlt. Viele Handwerke verderben den Meister. Hörst du die Handwerksburschen singen: Wandern, wandern, meine Lust? Kennst du das Lied: Wie sie so sanft ruhn? Das Werk lobt den Meister. Willst du leben, so diene. Wer sich seiner Sünde rühmt, der thut doppelt Sünde. Schöne Seele will reine Höhle. Wohl dem, der Gottes Wort behält. Wohl begonnen, halb gewonnen. Die Welt gibt bösen Lohn. Böses Gewissen, böser Gast: weder Ruhe, weder Rast. Je höher das Korn, je näher die Sense. Wohl dem, der des Herrn Willen thut, seine Wege gehet. Warum so stolz, lieber Mensch, bedenke, daß du Staub bist; bedenke, du weißt nicht Tag noch Stunde, wann der Herr des Hauses kommt. Wer will verdammen? Was lebt, das stirbt. Wir sind gar bald verloren. Wie der Hirt, so die Heerde. Je höher der Berg, je tiefer das Thal. Je länger hier, je später dort. Unsere Gäste verweilten sich noch mehrere Tage. Kennst du die Jünger des Herrn? Kein Tag kehrt wieder. Jedes Haar wirft seinen Schatten. Was du thun willst, das thue bald. Verdorbene Waare taugt nichts. Rede stets wahr. Nichts schöner, als das Wahre. Was lange währt, wird gut.

c) **Wohl, will, wider** und **wieder** sind Präfixe.

Wohlfahrt, wohlgemuth, wohlmeinend, willfahren, willkommen, Widerstand, der Widersinn, der Widerschein, wiederholen, das Wiedersehen[1]).

Aufgabe zu 23 c). Viele Wiedertäufer verließen diese Gegend. Bald gethan, wohlgethan. Du verkennst meine wohlmeinende Absicht. Bewillkommne die Gäste. Hörst du den Widerhall? Arbeit verleihet Wohlstand. Der Fisch sieht wohl den Köder, aber nicht den Widerhaken. Wer Böses thut, dem widerfährt Böses. Die wohlfeile Waare wirst du bald verkaufen. Willst du meiner Bitte willfahren? Wohlthaten vergiß nicht. Das Wiedersehen nach tief empfundenem Leid verdoppelt unser Wehe.

24. Ch.

a) Die Hf. steht im Anl., die Nf. im Ausl.

Chor, der Bach, des Bachs, lachen, die Rache, rächen, die Lerche[2]).

b) Die Hf. steht im Ausl. für **cht**.

Lachten, rächten, der Leuchter, leichter[3]).

c) Die Nf. des **ch** verbunden mit der Hf. des **n** dient zur Bezeichnung der Endung **chen**.

Bäumchen, Steinchen, Gärtchens, Veilchen[4]).

d) **Sigel. Welch, welcher, manch, mancher, ich, dich, dir, doch, durch, mich, vielleicht**[5]).

e) **Durch** ist Präfix:

Die Durchsicht der Bücher, durchreisen, der Durchmesser, der Durchgang[6]).

Aufgabe zu 24. Daß viele unrecht gehen, macht den Weg nicht recht. Nachrede wacht stets. Hundert Jahre Unrecht . . . keine Stunde recht. Mach deine Sach wie's Gott gefällt: gerechte Sache den Sieg behält. Gute Sache befiehlt Gott die Rache. Liebreiche Werke sind des Gemüthes Speise. Sanftmuth macht jedes Unrecht

1. [illegible]

Leseübung: [illegible]

[illegible]

2. [illegible] 3. [illegible]

4. [illegible]

Leseübung: [illegible]

5. [illegible] 6. [illegible]

Leseübung: [illegible]

1\. 2\.

3\. 4\.

Leseübung:

5\. 6\.

Leseübung:

7\.

Leseübung:

8\. Leseübung:

9\.

10\.

Leseübung:

gut. Jagen, Fischen, Vogelstellen verdarb schon manchen Junggesellen. Unrecht Gut gedeihet nicht. Gerechter Richter richtet recht. Wenn niemand richtet, richtet Gott. Der Segen des Herrn macht reich. Wohl dir, wenn dich deiner Hände Arbeit nährt. Wenn Gott dich hütet, ruhest du sicher. Hunger kocht rohe Bohnen gar. Fürchtet Gott, haltet seine Gebote. Ich will dich lieben, du meine Stärke. Gott sagt: Ich bin (siehe Tafel 6[6]) die Liebe. Genügt dir nicht mein Wort, der ich dich nie belog; bin ich dir nicht genug, du schätzest mich nicht hoch? Gar manches Wort verdient's, daß du's vernehmest stets; du hörst's vielleicht, doch halb, dann aber bald verweht's. Welcher Jubel, wenn die Weihnacht naht. Als Gänschen bist du fortgegangen, als Gans wirst du wohl heimgelangen. Manche Nacht durchwachte die Mutter, als die verheerende Seuche dich niederwarf. Welchem Thierchen gehört dies nette Häuschen? Viele hundert Meilen durchmaß mein Wanderstab, doch nirgend fand ich Ruhe, bis ich die Türme meiner Vaterstadt wiedersah. Beginnst du die Sache nicht recht, so wirst du sie nicht recht durchführen. Jahre lehren mehr als Bücher. Der Rose Duft, der Lerche Sang, das sind des Sommers Gaben.

25. Z.

a) Im Anl. steht die Hf., im Ausl. die Nf.

Der Zahn, die Zunge, der Zaun, reizen, der Weizen[1]).

b) Die Hf. im Ausl. steht für **zt**.

Reizten, geizten, heizten[2]).

c) Die starke Nf. im Ausl. bezeichnet **tz**, die starke Hf. demnach **tzt**.

Ritzen, ritzten, die Spitze, spitzten, sitzen, gesetzt, Antlitz[3]).

d) Die Nf. als Suffix eines Zahlworts bezeichnet schwach **zehn**, stark **zig**.

Neunzehn, siebzehn, neunzig, vierzig, fünfzig[4]).

Aufgabe zu 25 a—d) siehe Seite 35.

e) **Sigel. Zeit, Zahl, zieh, ziem, zog, Zug, jetzt**[5]).

Zu, zum, zur, zugleich, zusammen, zufolge, zuwider, zurecht, zurück, zuletzt, zumal, zunächst[6]).

Das Sigel „**zu**" und die davon abgeleiteten stehen auf der Linie, um Verwechselungen mit dem Komma zu vermeiden.

Aufgabe zu 25 e) siehe Seite 35.

f) **Zu, zusammen, zuwider, zurecht** und **zurück** sind Präfixe.

Der Zustand, die Zukunft, der Zulauf, die Zusammenkunft, zusammenhalten, zusammenlegen, zuwiderhandeln, zuwiderleben, zuwiderthun, zurechtfinden, zurückrufen[7]).

g) Zu merken ist ferner die Vorsilbe **zer**:

Zergehen, zermalmen, zerreißen, zerstückeln[8]).

h) Das **zu** vor dem Infinitiv (tonlos) ist nicht zu verwechseln mit dem betonten **zu**, welches ein Theil eines zusammengesetzten Wortes ist. Letzteres wird, wie oben gezeigt, verbunden, während ersteres zwar auch Präfix ist, aber ohne Verbindungsstrich dem Infinitiv vorgesetzt wird; wenn andere Präfixe vorangehen, so kann es häufig aufwärts gezogen werden.

Zu laufen (zulaufen), zu halten (zuhalten), zuwiderzuhandeln, nachzukommen, durchzusehen, zuzuhalten, zurückzuziehen, zurechtzuweisen, darzustellen, stattzunehmen, wegzuwerfen, lebe um zu lernen, umzustoßen[9]).

i) Das die Bedeutung eines Adjectivs oder Adverbs verstärkende **zu** kann mit Wörtern, welche eine Zusammensetzung mit **zu** nicht eingehen, als Präfix verbunden werden.

Zu hoch, zu tief, zu lang, zu warm[10]).

Aufgabe zu 25 f—i) siehe Seite 35.

26. C.

Die Hſ. ſteht im Anl., die Nſ. im Ausl. Die Hauptſ. im Ausl. ſteht für **ct**.

Cur, Caſſe, Ceder, Carcer, Vicewirt, Sect, Pact[1]).

27. Chs wie x lautend, X.

Das **ch** wird nicht ganz bis auf die Linie gezogen und die Hſ. des **s** ſchräg abwärts, ſo daß **chs** einſtufig und **x** zweiſtufig wird.

Dachs (Dach's), Fuchs, Lachs, lax, Fix, Xanten, Luxemburg[2]).

Aufgabe zu 26 und 27. Du belaſteſt meine Caſſe zu hoch. Cedern ſind Nadelholzbäume. Koſte meinen Sect. Die Caſernen ſind ganz gefüllt. Das Couvert koſtet vier Heller. Ich bin fortgegangen, um den Geſang der Currende zu hören. Der Cement wird bisweilen ſtatt des Kalkes verwandt. Sein laxes Weſen wird ſtets ſein Fortkommen hemmen. Während dieſes Jahres fing man nicht viel Lachſe. Der Dachs hält jetzt ſeine Winterruhe. Wo beide Seiten des Dachs zuſammenſtoßen, befindet ſich der Firſt. Die Füchſe wittern gut. Das Zeug koſtet ſechs Gulden. Die Bienen liefern uns das Wachs. Unſer Hund heißt Max. Die Geldwechsler wechſelten mir dieſen Gulden. Die wechſelnden Geſchicke der Völker verzeichnet die Geſchichte.

28. Mehrfache Conſonanten im Anlaut.

(Vgl. 20.) **l** und **r** als Nachlaute rechts eingeringelt.

bl, br, pl, pr, fl, fr, pfl, pfr, ſpl, ſpr, wr[3]).

Blechern, gebrochen, der Plan, die Prieſter, die Fluth, die Fröſche, die Pflaume, der Pfriemen, der Splint, geſprungen, das Wrack[4]).

Sigel. **Bleib, Blatt, blieb, blick, blos, Blum**[5]).
Breit, bracht, bring, Brief, Brod, Bruder[6]).
Platz, plötzlich[7]).
Preis, Pracht, pries, privat, prob, prüf[8]).
Flamm, Fleiß, fließ, floſſ, Fluſſ[9]).
Fremd, frag, fried, friſch, froh, früh[10]).
Pfropf, Pfründ, Pfleg, pflanz, Pflicht, pflog, pflück[11]).
Splitter, ſprech, ſprach, ſprich, ſproch, Spruch[12]).

Aufgabe zu 28. Zeit bricht Roſen. Fliehſt du, ſo liegſt du. Blöder Hund wird ſelten fett. Wagehals bricht den Hals. Pöbels Lob hält ſelten Prob. Wo Tauben ſind, da fliegen Tauben zu. Friſche Fiſche, gute Fiſche. Frage doch das Vieh, das wird dich lehren. Viele preiſen dein Los, doch du bleibſt ſtets derſelbe unzufriedene Menſch. Was dich nicht brennt, das blaſe nicht. Pflanze die Blumen. Gott, wir preiſen deine Gaben. Brich den Hungernden dein Brod. Der Fremde blieb ſtaunend ſtehen; ſein fragender Blick verrieth mir ſeine Gedanken. Dein Fleiß wird dir bald doppelten Gewinn bringen. Meines Vaters Brief meldete mir die nahe bevorſtehende Heimkehr meines Bruders. Dieſe fette Pfründe pflegt der Landesherr gewöhnlich ſelbſt zu beſetzen. Unſer Heer hielt ſich brav. Mehrere Jahre verfloſſen, nichts ſtand mehr zu hoffen, da brachte plötzlich dein Brief jene frohe Nachricht. Der Herbſt entblättert die Bäume des Waldes. Verdorrtem Baume hilft das Pfropfen nicht mehr. Gemalte Blumen riechen nicht. Jedermanns Geſell, niemandes Freund. Was Gott beſcheert, bleibt unverwehrt. Junges Blut, ſpar dein Gut. Gute Antwort bricht den Zorn. Wie der Gewitterregen die welken Blumen friſcher macht, ſo beleben heitere Geſpräche finſtere Gemüther. Verſprich nicht, was du nicht zu halten gedenkſt. Wie die Staare leicht nachplappern lernen, ſo ſprechen Menſchen, welche ſelbſt zu denken ſcheuen, blos das Gehörte nach. Verſäume nicht zu thun, was die Pflicht dir gebietet. Mein Vetter will mir das Lehrbuch des Privatrechts leihen. Viele Plätze blieben des warmen Wetters wegen unbeſetzt. Der Platzregen, der heute fiel, fügte den Früchten vielen Schaden zu. Mein Kind, prüfe wohl, was deinem Leibe geſund. Die verſprochenen Bücher wirſt du nächſten Montag empfangen. Sanft

1.

Leseübung:

2.

Leseübung:

3.

4.

5.

6.

7.

8.

9.

10.

11.

12.

Leseübung:

1. 2.

3.

4.

5.

Leseübung:

6.

7.

8.

9.

10.

11.

12.

13.

14.

15.

Leseübung.

Rückblick.

Indem der Erfinder dieser Schrift, Wilhelm Stolze, eine Kurzschrift, der weitesten Verbreitung und ausgedehntesten Anwendung fähig, herzustellen trachtete, mußte er so weit irgend thunlich jede Willkür, jede individuelle Rücksichtnahme vermeiden. Er schloß sich daher eng an den Bau der Sprache an und übertrug so zu sagen die deutsche Grammatik ins Stenographische.

Bei Vertheilung der Schriftzüge auf die Laute der Sprache legte er folgende Principien zu Grunde: Jeder einfache Laut soll einen einfachen Schriftzug erhalten, was nicht ausschließt, daß häufig vorkommende zusammengesetzte Laute ebenfalls durch einfache Züge bezeichnet werden. Die stärker artikulirten Laute (die Starrlaute) erhalten größere Zeichen, die schwächer artikulirten (die Schmelzlaute und Vocale) kleinere. Von den Starrlauten, welche in Hauch- und Schlußlaute zerfallen, bekommen erstere durchaus gebogene, letztere dagegen solche Zeichen, in welchen die gerade Linie zum Ausdruck kommt. Die Kehllaute haben stets die entgegengesetzten Zeichen der entsprechenden Lippenlaute: erstere sind links hohl, letztere rechts hohl; die Zungenlaute sind weder links noch rechts hohl. (Siehe Tafel 33 [1]).

Alle Schriftzüge sind Theilzüge der gewöhnlichen Schrift und lassen sich aus dem Oval, aus der geraden Linie oder aus Verbindungen beider entwickeln. (Siehe 33 [2]).

In der kurzschriftlichen Darstellung der Wörter werden die einzelnen Laute nicht wie in der Currentschrift gleichwerthig an einander gereiht, sondern nach Sprachsilben zusammengefaßt und das minder Wesentliche dem Wesentlicheren untergeordnet. So erscheint die Stammsilbe — der Träger des Begriffs — auch als der Träger der den Begriff modificirenden Affixe: z. B. vonderunzer**stör**barkeit, der**eig**enthümer, durchdie**neu**heit [3]).

Ebenso wird in der Stammsilbe der Inlaut — das den Consonanten modificirende und daher untergeordnete Element — an den Consonanten selbst durch ihre verschiedene Stellung zur Schriftlinie und gegeneinander, sowie durch verschiedene Stärke des Anlauts bildlich bezeichnet. Siehe Tafel 33 [4]) die schematische Uebersicht, in welcher der übergesetzte lange Strich die weite Verbindung zwischen An- und Auslaut, der untergesetzte Strich die Verstärkung des Anlauts bedeutet.

Der anlautende Consonant, als wesentlichster, unveränderlicher Theil der Stammsilbe, erhält stets ein stehendes Zeichen: n, s, st [5]). Sind für einen Consonanten zwei nur in der Größe verschiedene Zeichen aufgestellt, so wird das größere im Anlaut, das kleinere im Auslaut gebraucht: b, g, c, z, sch, ch [6]).

Verstärkung des auslautenden Consonanten bezeichnet eine Lautverstärkung, welche entweder durch Verdoppelung oder durch Hinzutritt eines anderen Lautes hervorgebracht wird: ll, nn, tt, ck, tz; tth, nk, tsch, mpf u. s. w. [7]).

Mehrfache Consonanten werden unmittelbar verbunden: bl, pr, schl, chr, kl, gr, kn, schm, zw; rb, lk, lm, gd, rt u. s. w. [8]).

Wie die untergeordneteren Theile des Wortes (Endungen und Vorsilben) weniger ausführlich als die Stammsilbe (durch Silbensigel) bezeichnet werden, so werden auch die untergeordneteren Satztheile (Artikel, Fürwörter, Präpositionen, Hülfszeitwörter u. s. w.) bezeichnet. Diese Sigel bilden einen wesentlichen Bestandtheil des Systems. Weniger wichtig sind die vorhandenen Abkürzungen für häufig vorkommende Begriffswörter, wenn sie auch für den Fachstenographen nicht entbehrlich sind, da sie in bedeutendem Maße zur Kürze der Schrift beitragen. Das Fördernde dieser Sigel liegt darin, daß sie für Stämme aufgestellt sind, welche ganzen Wortfamilien zu Grunde liegen: lang, lange, langer, längs, entlang, verlangen, verlängern, belangen, zulangen, erlangen u. s. w. [9]).

Die Sigel solcher Stämme, welche stets mit derselben Endung (Bildungsendung) vorkommen, erscheinen dadurch besonders kurz, daß an ihnen die Endung nicht besonders ausgedrückt wird: Bruder, ewig, finster, Harmonie, historisch, Honorar, hundert, plötzlich, Splitter, Vater u. s. w. [10]).

Daß die in diesem kurzen Rückblick angedeuteten Principien auch zu einer zuverlässigen Bezeichnung der Fremdwörter ausreichen, ist ein glänzender Beweis des Scharfsinns und der Harmonie im Stolze'schen System.

Aufgaben.

Aufgabe zu 10. Fülle die leeren Humpen. Die Lehrer rühmen deine Lieder. Verlängere die letzte Reihe. Vermaure die Höhle. Die faden Reden vermeide. Die Müller mahlen viel Hafer. Mein Vater verlor die Spur. Vermeide die lange Ruhe. Die Heere murren. Die Männer harren deiner. Räume die verfallene Mauer fort. Hole die verlorenen Rollen her. Mein Vater ließ die verfallenen Pfänder verlosen. Meide die losen Mäuler. Meine Muhme rief die dumme Maid. Höre die Rede. Die rohen Heiden verspotten meine Rede. Verlose du mir die Pfeifen. Die Meere führen ferne Völker her. Rücke die Lampe fort. Die Römer vermieden die rauhen Pfade. Die Männer verspotten meinen Lehrer. Die Mohren ließen die langen Pfeile fallen. Die Spötter führen lose Reden. Löse die Pfänder, die dein Vater verlor. Verpfände meinem Vater die verfallene Mühle. Meide die verrufenen Pfade. Räume die hohe Mauer fort.

Aufgabe zu 12 f—h). Theile meiner Mutter deine That mit. Die faulen Leute feierten viele Tage. Die Thiere murrten. Verrammelt später die Thore. Haltet die Tugend hoch! Die Leute tadelten laut die finstere That. Die Führer marterten die Thiere. Die tapferen Ritter hielten meiner Muhme die Thiere fern. Da die Männer die Thoren reden hörten, murrten viele. Mein Vater tadelte die verhörten Thäter. Die Männer vertagten die That. Die Reiter tödteten viele tapfere Männer. Löset die Thiere los. Dein Vater verlangte die mir verpfändeten Lämmer. Die vielen Pfeile verfinsterten die Luft. Die Thiere verloren später die Spur. Da spotteten die Leute laut meiner Rede. Verspeiset meine letzten Hammel. Führet die Thiere her. Man verspottete meinen faulen Vetter. Hier feiert man Pfingsten fünf Tage, dort fastet man. Vertheilet meine letzten Heller.

Aufgabe zu 13 f) und g). Haltet die Hände hoch, haltet die Hände noch höher. Niemand verrieth meine Nähe. Die Reiter ritten meine noch nicht munteren Lämmer nieder. Die Feinde vernichteten vier Heerhaufen. Haltet mir die nachlaufenden Thiere. Die Niederländer halten viel Vieh. Mein Nebenmann rief deinen Vetter mehrere male. Die vier folgenden Tage harrte mein Vater. Nach neun Tage lang dauernden Leiden rettete man meine Mutter. Binnen vier Wochen verlor mein Vetter hundert Lämmer. Niemand verdient mehr Lohn, denn du. Heute rufen die Pfauen nicht. Mehr denn hundert Landleute ließ man verhaften. Unverdaute Speisen nähren nicht. Die Hirten ließen die Lämmer nachlaufen. Lange hallte dein Ruf nach, dann hörte man ferne deinen Namen rufen.

Aufgabe zu 16. Fortgegangen, fortgeführt, fortgeben, fortrudern, fortrollen, fortließen, mitfahren, die Mitbürger, die Mitspielenden, Mittelmeer, herhalten, hergeführt, herumfahren, herumführen, herleiten, hingeleitet, hindeuten, hingedeutet, hinraffen, umhergaffen, hingehören, die Hinterpforte, Hinterhof, hingenommen, herumbiegen, umherlaufen, losfahren, losgegeben, die Rückfahrt, die Rückfälle, Darleiher, Gegenpfand, die Gegenrede, entgegenlaufen, entgegengeführt, Abfall, hinabgefallen, hinabgefahren, abfaulen, abgelegt, abfinden, ablegten, Ableger, abgeredet, abgelebt, abgepfändet, abgemagert, umgeben, umlaufen, umbauen, umherführen, umherliegen, umhüllet, Umlaut, herumgeleitet, entgegenfunkeln, abgedampft. Mitgegangen, mitgefangen, mitgehangen. Die mitlaufenden Hunde fanden meinen verlorenen Mantel. Die Hunde liefen meine guten Lämmer um. Bäume umgeben die Burg. Verhüte die bösen Rückfälle. Umhüllt die Bilder mit ganz reinem Leinen. Die abgefeimten Diebe tödteten mir die Tauben. Dein Rückbürge gab die dargeliehenen Thaler meiner Muhme. Die umgefallenen Bäume hemmten noch mehr meinen Pfad. Die umhertaumelnden Leute ließen niemand ungehindert gehen. Mein Diener harrte meiner Gegenbefehle bis vier Tage verronnen. Mein Vater ließ die dampfenden Thiere umherlaufen. Fahre meiner Muhme abgemäheten Hafer heim. Die losgegebenen Männer bevölkerten ferne Länder. Die Mondumläufe dauern nie länger. Thuet Bitte, Gebet, Fürbitte. Die umliegende Gegend liefert viel Vieh. Die abgehobelten Dielen geben gute Böden ab. Die die Gärten umgebenden Mauern gehören meinem Vater. Die vorgefundenen Hefte enthalten die Vorarbeiten, die dein Gegner begonnen. Die umherhüpfenden Gimpel ließen die abgefallenen Beeren liegen. Die nachgereiften Mispeln

verfließe dein Leben. Dein Bruder verlebte hier früher manches frohe Stündchen. Die Geschosse unserer Breitseiten brachten den Schiffen des Feindes Verderben. Pflücke die vergilbten Blätter ab. Die verheerenden Flammen zerstörten die früher so sehr bewunderte Pracht des Zimmers. Die zerplatzenden Bomben machten die ganze Umgegend unsicher. Längs des Flusses lagen brennende Baumsplitter. Das Veilchen verbreitet süßen Duft. Wohl dem Menschen, der froh die Zeit entfliehen sieht. Sorge, daß Ruhe, Genuß der Winter des Lebens dir bringe. Gib dem Fragenden Rath. Pflanze, begieße, das Gedeihen gibt Gott.

29.

Mehrfache Consonanten im Anl. (Fortsetzung) **l** und **r** als Nachlaute links eingeringelt.

schl, schr, chl, chr [1]). Schleicher, Schrecken, Chlor, Chrom [2]).

Die einstufigen Auslaute **g, m, ch, ß, ng** und **nk** werden bei der engen Verbindung mit dem **l** des Anlauts **schl** in einen Schriftzug vereinigt.

Schlag, Schläge, Schlamm, schlich, schließen, Schlange, schlank [3]).

Sigel. **Schlecht, Schlacht, schlicht, Schlucht** [4]).
Schreib, Schrank, schrieb, Schrift, schroff, schrumpf, Christ [5]).

Aufgabe zu 29. Lang Mundwerk, schlechter Gottesdienst. Schlimmes Leder, schlimme Schuhe. Prahler sind schlechte Zahler. Schlangen schleichen, Tauben fliegen. Wer schreibt, der bleibt. Schlafender Fuchs fängt kein Huhn. Schrecken macht nicht selten stumm. Die Schlacht wüthete fortwährend. Unser Heer schlug sich tapfer. Seinem beschränkten Verstande blieb dies Räthsel ungelöst. Hier wachsen die schlankesten Tannen unseres Waldes. Seine Feinde lobten sein schlichtes, biederes Benehmen. Nächsten Sonntag wird unser Pfarrer keine Christenlehre halten. Meine Mittel sind sehr zusammengeschrumpft; dieses Schriftstück, hoffe ich, wird mir wieder Geld verschaffen. Schroffe Felsenwände umgeben den gähnenden Schlund. Kein schlimmer Brod, als Bettelbrod. Mein Bruder handelte deiner Vorschrift gemäß; warum willst du uns tadeln, da doch dein Aberwitz die schlechten Früchte brachte. Schenkt dir Freude der Herr, gedenke der leidenden Brüder. Wo du das Schlimmste besorgst, da bestimmt der Herr das Beste. Banges Harren des Frommen gebiert frohlockende Wonne. Wie dein Gutes wächst, so wächst die Freude des Herzens.

30.

Mehrfache Consonanten im Anl. (Fortsetzung) **l** und **r** als Nachl. an gerade Linien (links) angeschlossen.

dr, tr, thr, gl, gr, kl, kr, str, cl, cr [6]).

Drehn, trösten, der Thran, die Gläser, grobe, der Klang, Krippe, gestrebt, Classe, craß [7]).

Sigel. **Dreist, Drang, dring, dritt, droh, drung** [8]).
Treib, trag, trieb, Trift, trotz, trug [9]).
Thrän, Thron [10]).
Gleich, glaub, glich, glied, Glock, Glück [11]).
Greif, Grad, griff, groß, Grund, gerad, gering [12]).
Klein, klag, Klipp, klopf, klug [13]).
Kreis, Kraft, Krieg, Kron, krumm [14]).
Streit, straf, stritt, Strom, Strudel [15]).

Aufgabe zu 30. Trotz seiner gedrungenen Gestalt sind seine Kräfte nicht groß. Ich behaupte dreist, daß du selbst dieser kleinen Arbeit nicht gewachsen bist. Der Strudel drohte die Schiffe zu verschlingen, der Strom aber trieb sie Klippen entgegen, wo sie scheiterten. Der Klügste gibt nach. Treuen Dienst lohnt Gott. Kleider machen Leute. Träume sind Schäume. Trunken gestohlen, nüchtern gehangen. Das Glück bethört mehr Leute, als das Unglück. Steter Tropfen höhlt den Stein. Wie du grüßest, so dankt man dir. Gleiche Brüder, gleiche Kappen. Ungeduld hilft dem Kreuz nicht ab. Wer sich grün macht, den fressen die Ziegen. Wenn Narren kaufen gehen, lösen die Krämer Geld. Wer leicht traut, wird leicht betrogen. Mensch, wenn du glaubst, so liebst du Gott. Je tiefer man gräbt, desto mehr man Wasser findet.

Licht bleibt Licht, siehts gleich der Blinde nicht. Wie glänzt die Sonne, wie lacht die Flur. Je größer die Noth, je näher Gott. Versprich nichts Großes, thu was Großes. Wuchern wird der Aberglaube, wo man weg den Glauben warf. Verzage nicht, Gott wird deine Thränen trocknen. Des Feindes Drohen schreckt uns nicht. Trage nichts nach. Kleine Kinder, kleine Sorgen; große Kinder, große Sorgen. Deine unbegründeten Klagen will ich nicht länger hören. Begreifst du dieser langen Rede kurzen Sinn? Den größten Breitengrad nennt man den Gleicher. Der Gegner brachte lauter Scheingründe vor, ich kannte aber seine Kunstgriffe schon. Traget gern des Herrn Joch. Blühende Triften umgaben den Fluß. Wie der Krieger, so das Gefecht. Versuche diesen Satz zu zergliedern. Die höchsten Würdenträger umstanden den Thron. Die Zahl der Gefangenen betrug gerade fünfzehnhundert Mann. Liebe krönte das Werk, das Liebe begonnen. Meide krumme Wege. Schätze niemanden gering. Hörst du die Glocke klingen? Hilf dem Bedrängten gern. Wer Streit liebt, liebt Sünde. Um der Strafe zu entgehen, entfloh ich. Dem Mimen flicht die Nachwelt keine Kränze. Gar zu straff gespannt, zerspringt der Bogen. Schaden pflegt die Menschen klug zu machen. Das Geheimniß entgleitet, wo die Gläser klingen. Warten wir ab, was das Glück uns bringen wird. Die Bundestruppen sind verpflichtet, den Befehlen des Bundesfeldherrn unbedingt Folge zu leisten. Den dringenden Bitten seiner besten Freunde widerstand mein Vater. Karlsbader Sprudel hilft vielen Kranken. Weise Strenge schadet nicht. Freude bereitet dem Weisen der Zeiten kluger Gebrauch. Gluthen, die uns schlackenrein machen, sind uns Wohlthat. Frieden Gottes umfließt den treuen Thäter des Guten. Will der gute Entschluß dir wanken, so denke dir Gott klar. Jeden Tag betrachte wohl, den Gott dir gesandt. Thue das Geringste selbst.

31.

Mehrfache Consonanten im Anl. (Forts.) Ist der Nachl. **n**, so wird der Vorl. nicht ganz bis auf die betreffende Linie gezogen und das **n** (Hf.) schräg abwärts. **gn, kn, schn** [1]).

Gnom, Gneis, Knaster, Knochen, zugeknöpft, Schnupfen, die Sternschnuppen [2]).

Sigel. **Gnad, Knecht, Knab, knot, knüpf** [3]).

Schnaub, Schneid, schnitt, schnöd, Schnur [4]). **Aufg. zu 31** siehe S. 36.

32.

Mehrfache Consonanten im Anl. (Forts.) Der Nachl. **m** geht nur Verbindung mit dem Vorl. **sch** ein. Es wird das einstufige **sch** mit dem Nachl. **m** zu einem zweistufigen Zeichen vereinigt.

Schm, Schmerle, Schmirgel, beschmutzt, geschmolzen, umgeschmolzen, der Glasschmelzer, der Schmorbraten, Geschmack, der Geschmack [5]).

Sigel. **Schmerz, Schmach, schmäh, Schmied, schmoll, Schmuck** [6]).

Aufgabe zu 32 siehe Seite 36.

33.

Mehrfache Consonanten im Anl. (Forts.) a) Wenn das Zeichen für **v** im Nachlaut steht, so ist dies Zeichen nicht mehr **v**, sondern **w**. Das gilt auch für den mehrfachen Auslaut. **zw, schw, kw** (**qu**) [7]).

Zwitter, gezwungen, die Schwestern, Schwingen, Quast, Quirl, Beschwerde, Wittwe, Zitwer [8]).

b) **Sigel.** **Zweck, zwar, zwanzig, zwie, zwölf** [9]).

Schwer, schwach, schwierig, schwor, Schwur [10]).

Quell, Qual, quill, quoll, bequem [11]).

c) **Zwie** wird als Präfix gebraucht:

Zwiespalt, Zwiegespräch, Zwietracht [12]). **Aufgabe zu 33** siehe Seite 36.

34.

Mehrfache Consonanten im Anl. (Schluß.) **rh, ps, cz, phr, tw, wh**.

Der Rhein, die Rhede, die Psalmen, der Psalter, Czar, Phrase, Twist, Whigs [13]).

Aufgabe zu 34 siehe Seite 36.

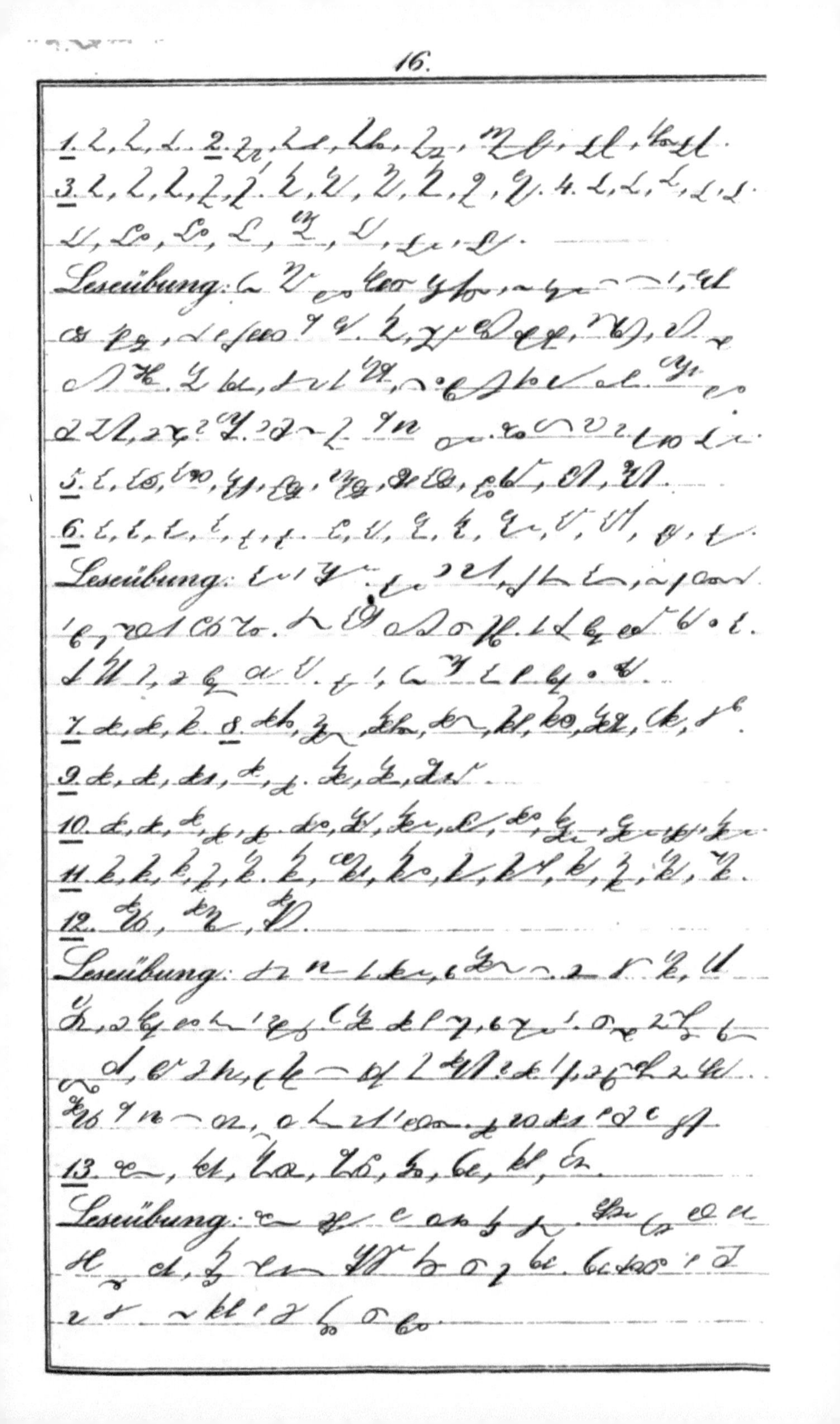

1. 2. 3. 4.

Leseübung:

5.

6.

Leseübung:

7. 8.

9.

10.

11.

12.

Leseübung:

13.

Leseübung:

1. [illegible]

2. [illegible]

3. [illegible] 4. [illegible]

Leseübung: [illegible]

5. [illegible]

6. [illegible]

Leseübung: [illegible]

7. [illegible]

8. [illegible]

Leseübung [illegible]

9. [illegible]

10. [illegible]

Leseübung: [illegible]

35. Vocalzeichen.

a) Die Vocalzeichen sind sämmtlich halbstufig. Die Umlaute werden aus den Grundlauten durch Anhängung der etwas verlängerten Nebenf. des e (Umlautstrich) gebildet. (S. Tafel 17 [1]).

b) Die vocalischen Auslaute werden buchstäblich bezeichnet: dem unverstärkt auf der Linie stehenden Anl. wird der Vocal angehängt.

Blau, grau, Heu, hauet, Schlei, Thee, Knie, Sau, Säue, Fee, La Harpe [2]).

c) Die Vocale in den Nebensilben der Fremdwörter und Eigennamen werden in der Regel buchstäblich bezeichnet. (Die bildliche Bezeichnung siehe 56.)

Lento, Papa, Mama, Hugo, Minna, Cuno, Lama, Burgund, secundär, Laibach, Mailand, bigott, Marotte [3]).

Dies geschieht auch bei folgenden deutschen Wörtern:

Weissagen, Halunke, Schmarotzer, Kartoffel, Pantoffel [4]).

Aufgabe zu 35 a—c). Wem Hirsenbrei den Mund verbrannte, der bläst seine Milch. Treue belohnt der Herr der Treue. Thust du das Kleine getreu, so wird dir das Große vertrauet. Wenn du leidest, so bete; wenn du dich freuest, so danke. Neue Zeit, neue Leut. Kennst du das Drama des Dichters La Harpe „Melanie"? Wie lächelt nun wieder der Himmel so blau. Die gute Fee beschenkte Laura reich. Besuche die Städte: Breslau, Glogau, Sorau, Lauban, Lobau, Sagan; bringe mir die neue Karte her, ich will sie dir zeigen. Die Pilger beugten die Knie. Die Bewohner dieses Landes betreiben Schiffbau. Mindanao liefert den Sago, Java vorzugsweise den Pfeffer. Wo liegen die Städte: Como, Lodi, Pavia, Fessano, Vercelli, Genua? Trau, schau, wem. Freue dich deiner Jugend. Thue recht, scheue niemand. Der frische Morgenthau durchnäßte unsre Stiefel.

d) Folgt dem Vocal der Stammsilbe (bei Fremdwörtern und Eigennamen Hauptsilbe) noch ein zweiter Vocal, so wird der erste bildlich, der zweite buchstäblich bezeichnet.

Mai, pfui, Diana, Boa, Maestro, Trio, Duero, Loire [5]).

e) Das bildlich bezeichnete e wird in diesem Falle durch den langen Bindestrich ausgedrückt. Dies geschieht auch in Nebensilben. Für ei vor andern Vocalen steht die Hauptform.

Lea (la), Theater (s. 12 d), Leo, Deo, Carneol, Le Beau, Freia, Leer (Stadt) [6]).

Aufgabe zu 35 d) und e). Tours, Georg, Lyon, Leon, der Rio del Norte, Sanct Goar, Saone, Sanct Paolo, Chios, Leobschütz, Gaeta, Puerto, Heraklia, Hoangho, Kleander, Kleon, Leander, Leang, Leontes, Marea, Morea, Medea, Platäa, Tegea, Troas, Nemea, Theodat, Rhea Silvia, Suessa, Suez, Theagenes, Diogenes, Chileab, Baesa, Balearen, Diocletian, Cyan, Galatea, Hygea.

f) **Sigel. Zwei, drei, bei, beim, beinah, beisammen, zum Beispiel** [7]).

g) **bei** ist Präfix: Beikommen, beistehen, Beistand, beifallen, Beifuß [8]).

Aufgabe zu 35 f) und g) siehe Seite 36.

36. Vocale als Anlaute.

a) Wird von den Stammsilben mit den Inl. **e, ei, i, o, ö** der Anlaut fort gelassen, so gibt der Bindestrich mit Rücksicht auf die Stellung des Ausl. den betreffenden vocalischen Anlaut an. Der Artikel, sowie in seltenen Fällen einige andere Präfixe, werden bei bildlicher Bezeichnung des anlautenden Vocals der Deutlichkeit wegen meist ohne Verbindungsstrich dicht vorgesetzt:

Senden, enden, reisen, Eisen, weinst, du einst, Zimmer, immer, stottern, Ottern, die Oerter, nacheilen [9]).

b) **Sigel. irgend, etlich, etwelch, Princip, irgend ein, (welch ein, was für ein)** [10]).

c) Die mit andern Vocalen anlautenden Stammsilben stehen mit buchstäblicher Bezeichnung ihres Anlauts auf der Linie. Der Auslaut **t** ist in diesem Falle (siehe 12 d) zweistufig aufwärts zu ziehen:

Apfel, Athem, Aehre, Ufer, Ulme, Auster, liebäugeln, Eule, Euter, aichen, Uhr, Abenteuer [1]).

d) Die nur aus einem Vocal bestehenden Wörter stehen auf der Linie:

Au, au! Ei, ei! O! [2]).

e) Als Präfixe sind zu merken **ur, erz**:

Urheber, die Urwelt, der Urlaub, die Erzväter, der Erzengel [3]).

Aufgabe zu 36 siehe Seite 37.

37. Vocalzeichen als Sigel.

a) Die aus den Vocalzeichen gebildeten Sigel stehen, wenn der Ausl. ein Kehllaut (**ch**) ist, auf der i-Linie (i Kehllaut); wenn der Ausl. ein Lippenlaut (**m, b, p, f, w**) ist, auf der u-Linie (u Lippenlaut); wenn der Ausl. weder ein Kehllaut noch ein Lippenlaut ist, auf der Hauptlinie. Ausgenommen **über**, welches auf der Linie steht. (Vergl. auch 46.)

An, am, er, es, ewig, in (inn), im, und, u. s. w., über, üppig, ob, oben, ober, oder, auch, auf, euch, euer [4]).

Anmerkung. Wenn **in** für sich allein auf der Linie steht, so erhält es einen Anstrich, um es vom Punktzeichen zu unterscheiden.

b) Als Präfixe sind zu merken **er** (Vorsilbe), **an, in, über, ob, ober, auf**. Auch **und** kann oft mit dem folgenden Worte verbunden werden.

Ergebniß, erhalten, erlauben, anstellen, der Angestellte, der Inhalt, der Inbegriff, die Uebersicht, Obdach, Oberwelt, die Aufschrift, Wind und Wetter [5]).

Aufgabe zu 37 siehe Seite 37.

38. Zahlwort ein und unbestimmter Artikel.

a) Das Zahlwort **ein** ist das **n** von zweifacher Länge. Der unbestimmte Artikel ist dieselbe Form in schräg ansteigender Lage. Nimmt der Stamm **ein** Endungen an, so wird er durch den langen Bindestrich (Nf. des **ei**) bezeichnet. Zu beachten, daß die Endung **es** bei **eines** von einfacher Länge ist.

Ein, eins, ein, eine, einer, einen, einem, eines [6]).

b) Der unbestimmte Artikel ist in demselben Falle, wie der bestimmte (s. 22), Präfix. Das Zahlwort **ein** dagegen wird nicht verbunden.

Ein großer Aberglaube, eine lange Pause, einer großen Sache dienen, der Schluß einer langen Rede, einen ganzen Mann, einem Bauer, eines Tapferen [7]).

Aufgabe zu 38. Ein gutes Kind gehorcht geschwind. Durch eines Fischers Netz berückt, ließ einst ein junger Hecht sich fangen. Ein Adler fängt keine Fliegen. Eine fette Küche macht einen mageren Beutel. Ein faules Ei verdirbt den ganzen Kuchen. Ein Gott, ein Glaube, eine Taufe. Ein Narr macht viele Narren. Ein gutes Wort findet einen guten Ort. Während eines ganzen Tages harrten wir vergebens deiner Ankunft. Nahe einer kleinen Waldwiese rasteten die Douanen; bald erschien ein Trupp Schmuggler, die, als sie sich entdeckt sahen, rasch einer tiefen Schlucht zueilten. Einem unvorhergesehenen Zufall verdankten sie es, daß sie entkamen. Wer einen Aal fangen will, macht erst das Wasser trübe. Gott setzt dem Kreuz ein Ziel; wenn es dasselbe erreicht, vergeht es wie ein Donnerwetter, das seine eigene Kraft verzehrt. Der beste Krieg gleicht einer goldenen Angel, er trägt selten so viel ein als er kostet. Mittelweg, ein sicherer Steg. Besser ein gesunder Bettler als ein kranker Fürst. Viele Körner machen auch einen Haufen. Besser ein lebendes Wort als tausend todte. Keiner so stark, er findet einen Stärkeren. Es ernährt eher ein Vater sechs Kinder, als sechs Kinder einen Vater ernähren. Wo die Treue Wurzel schlägt, da macht Gott einen Fruchtbaum draus.

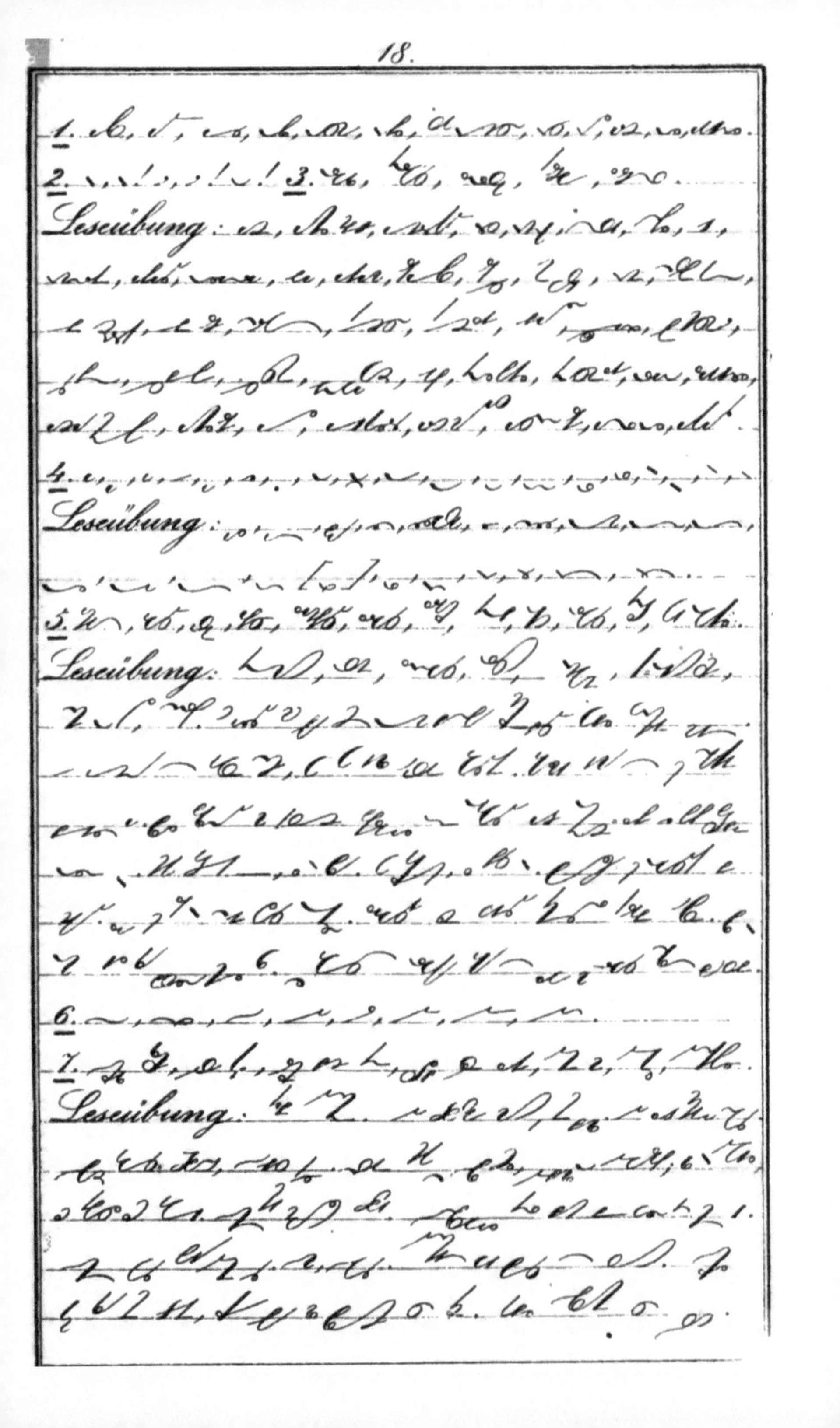

1\. [illegible]

2\. [illegible] 3. [illegible]

Leseübung: [illegible]

4\. [illegible]

Leseübung: [illegible]

5\. [illegible]

Leseübung: [illegible]

6\. [illegible]

7\. [illegible]

Leseübung: [illegible]

1. 2.

3. 4.

5. 6. 7. 8.

Leseübung:

9.

10.

Leseübung:

11.

12.

Leseübung:

13.

14.

15.

39. Sigelbildung durch den auslautenden Consonanten.

a) Die bis jetzt aufgeführten Sigel sind meist durch ihren vollständigen consonantischen Anl. gebildet. In 37 sind solche aufgeführt, welche durch den vocalischen Anl. gebildet sind. Nur wenige sind vorgekommen, bei welchen der consonantische Ausl. zur Sigelbildung benutzt wurde. Bei dieser Art der Sigelbildung wird durch die Stellung zur Linie der voraufgehende Vocal angedeutet, und es werden meist solche Zeichen benutzt, welche ihrer Gestalt nach sich als Auslaute zu erkennen geben.

All, allein, allenthalben, also, alt, ält, Art, voll[1]).
Acht, ungeachtet, echt (ächt), etwa, seit, weit, so weit, empor[2]).
Ander, andere, sonder, unter, unten, einander, anderweit, anderthalb[3]).
Aus, auß, außer, außen, äuß[4]).
Ihr, nur, kaum[5]).
Ihn, ihnen, ihm, ohn, ohne[6]).
Eben, üb[7]).
Zwischen, wegen, deswegen, weswegen[8]).

Aufgabe zu 39 a) siehe Seite 37.

b) Folgende Auslautsigel sind als Präfixe zu merken: **voll, empor, unter, ans, außer, außen, ohn (ohne), ein, zwischen.**

Vollkommen, Vollmacht (die Allmacht), emporsteigen, der Unterricht, unterstützen, eine Ausnahme (eines Namens), außerhalb, Außenansicht, der Außendeich, Ohnmacht, die Einfahrt, der Eintritt (ein Tritt), Zwischensatz, der Zwischenfall[9]).

c) Die Begriffswörter **los** und **voll** können oft als Suffixe angeschlossen werden und stehen dann eine Stufe tiefer:

Ehrlos, ehrenvoll, gottlos, einsichtsvoll, gedankenlos, bodenlos, muthlos, gehaltvoll[10]).

Aufgabe zu 39 b) und c) siehe Seite 38.

40. Endungen mit dem Vocal a.

a) Die Endungen mit dem Vocal **a**, welche mit einem Consonanten beginnen, werden durch dessen starkes Zeichen abgekürzt. Zu beachten ist der Unterschied zwischen **sal** und **sam** und die besonderen Zeichen für **enschaft** und **selig.**

Fruchtbar, haltbar, offenbart, Nachbar, Sorgfalt, Einfalt, schadhaft, ehrenhaft, grauenhaft, Wirtschaft, Burschenschaft, Labsal, Trübsal, trübselig, folgsam, behutsam, grausam[11]).

b) Beginnt die Endung mit **a**, so wird sie buchstäblich bezeichnet:

Heimat, Heiland, Eidam, Brosamen[12]).

Aufgabe zu 40 siehe Seite 38.

41. Endungen mit i.

a) Die meisten Endungen mit **i** werden durch ihren consonantischen Auslaut bezeichnet.

Verständniß, Verhältniß, herrisch, geharnischt, Messing, würdig, gewürdigt, verfertigt, herrlich, verherrlicht[13]).

b) Zu beachten sind **igkeit, igung, lichkeit** und **lichung.**

Würdig, Würdigkeit, Würdigung, herrlich, Herrlichkeit, Verherrlichung[14]).

c) Bei **in** und **iren** wird der Ausl. höher gestellt, bei **ling** das **i** in das **l** eingeringelt.

Fürstin, Königinnen, Wirtin, Göttin, hantiren, halbiren, Lehrling, Hänfling, meuchlings[15]).

d) Unverkürzt werden bezeichnet: **ich, icht, rich, erich**.

Teppich, Kehricht, Wüthrich, Wütherich[1]). **Aufgabe zu 41** a—d) siehe S. 38.

e) **Sigel. Wenig, niedrig, jetzig, übrig, dasig, hiesig, freilich, wirklich, folglich, vornehmlich, hauptsächlich, außerordentlich, jeglicher**[2]).

Aufgabe zu 41 e) siehe Seite 39.

42. Endungen mit u.

a) Die Endungen mit **u** werden durch ihren tiefergestellten starken Auslaut bezeichnet:

Waldung, Haltung, Pabstthum, Wismuth, Armuth[3]).

b) Für die zusammengesetzten Endungen **erung** und **enthum** stehen dieselben Zeichen wie für **ung** und **thum**, aber in gleicher Höhe mit dem Ausl. des Stammes. Nach aufwärts gezogenem **t** und nach rechts herum geschriebenem **l** werden indessen diese Endungen, sowie **igung** und **lichung**, durch ihre einzelnen Theile bezeichnet:

Verhinderung, Fürstenthum, der Eigenthümer, eigenthümlich (der Umlaut wird hier nicht bezeichnet), Erheiterung, Beamtenthum, Vergewaltigung, Verweltlichung[4]).

c) Die Endung **irung** unterscheidet sich von **erung** dadurch, daß das Zeichen eine halbe Stufe höher gestellt wird:

Hantirung, Cernirung, Planirung[5]).

Aufgabe zu 42 siehe Seite 39.

43. Endungen mit e.

Die Endungen mit dem Vocal **e** sind in den Nummern 7, 12, 18, 21, 24 gelehrt. In den nicht speciell aufgeführten Endungen mit **e**, so wie in den Nebensilben der Eigennamen und Fremdwörter wird das **e** zwischen Consonanten durch den kurzen Bindestrich, und **ee** durch den Buchstaben ausgedrückt:

Lebens, Odems, Athems, Tischler, Ostende, Barchent, Petent, Kameel[6]).

Aufgabe zu 43 siehe Seite 39.

44. Endungen mit ei.

a) Ein **t**-Strich von vierfacher Länge in der Lage der Nf. des **ei** (einstufig) bezeichnet die nur der Form nach verschiedenen Endungen **heit** und **keit**:

Frechheit, Tapferkeit, Dunkelheit, Neuheit, Bestimmtheit, Wahrheitsliebe[7]).

b) Die Endung **enheit** wird durch einen Strich von vierfacher Länge parallel der Schriftlinie ausgedrückt:

Verschiedenheit, Eigenheit, Beschaffenheitswort[8]).

c) Die Mehrheit dieser Endungen entsteht dadurch, daß das betreffende Zeichen die Gestalt der Hf. des **n** erhält:

Frechheiten, Neuheiten, die Wahrheiten, Verschiedenheiten, Eigenheiten, Beschaffenheiten[9]).

d) Für die Endung **ei** steht das Vocalzeichen. Das **ei** der übrigen Endungen, so wie das **ei** zwischen Consonanten in den Nebensilben der Eigennamen und Fremdwörter wird durch den weiten Bindestrich ausgedrückt:

Abtei, Wüstenei, Ziegeleien, Kindlein, Vöglein, Söhnlein, Oheim, Gastein, Madeira[10]).

Aufgabe zu 44 siehe Seite 39.

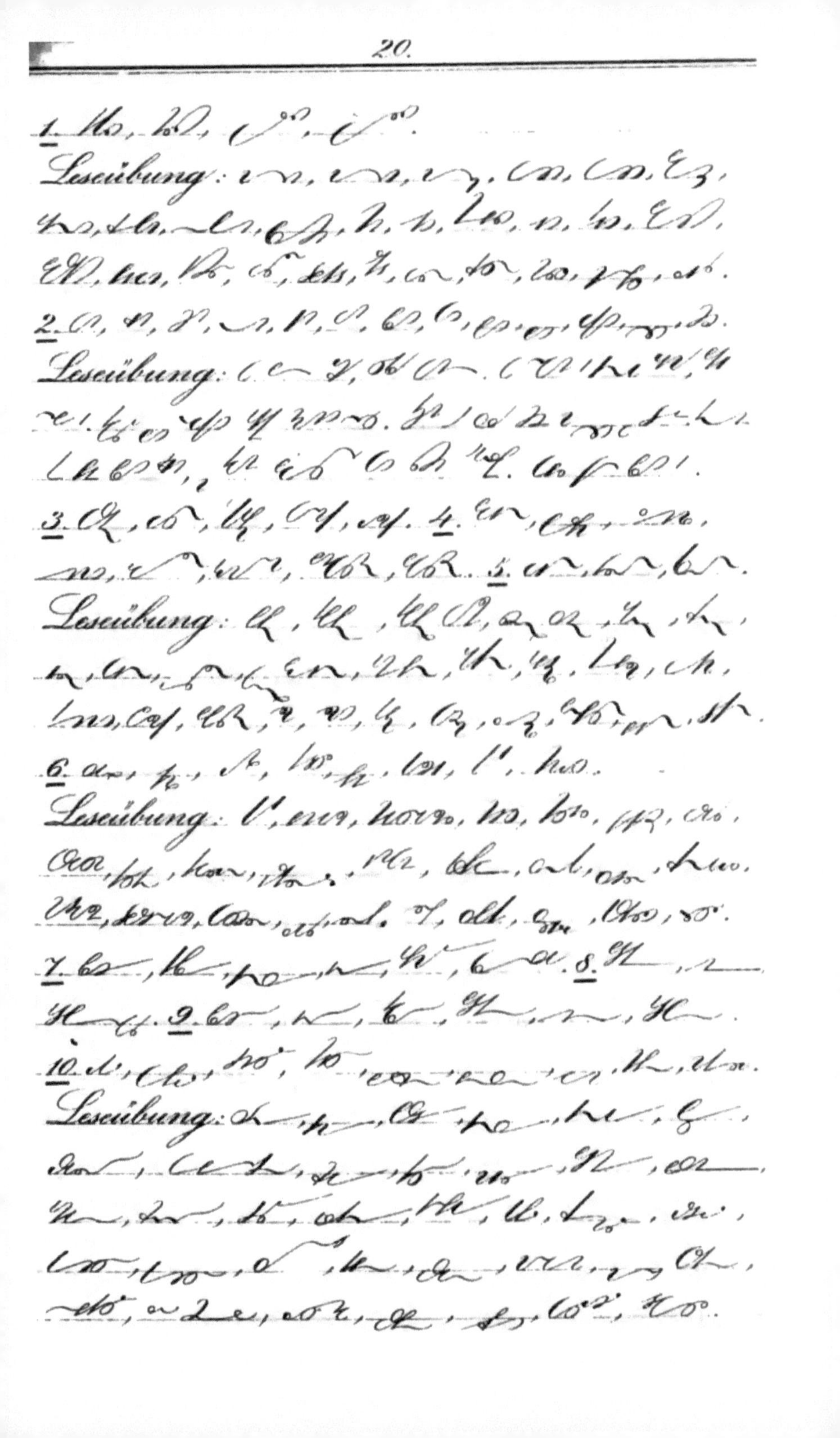

1\. [illegible]

Leseübung: [illegible]

2\. [illegible]

Leseübung: [illegible]

3\. [illegible] 4. [illegible]

5\. [illegible]

Leseübung: [illegible]

6\. [illegible]

Leseübung: [illegible]

7\. [illegible] 8. [illegible]

9\. [illegible]

10\. [illegible]

Leseübung: [illegible]

1. [shorthand]

2. [shorthand] 3. [shorthand]

Leseübung: [shorthand]

4. [shorthand]

Leseübung: [shorthand]

5. [shorthand]

Leseübung: [shorthand]

6. [shorthand]

Leseübung: [shorthand]

45. Anfügung der Endungen an Sigel.

a) Folgende Endungen, deren Zeichen Formen haben, die nicht Ausl. sein können, nämlich e, en, em, es, heit, haft, sam, ling, ung, igung, lichung, thum werden an Sigel in gleicher Weise, wie an ausgeschriebene Stämme, angeschlossen:

Bleibe, bleiben, vielem, vieles, Schönheit, Schwierigkeit, glaubhaft, langsam, Jüngling, Bezahlung, Niederung, Aenderung, Erwiderung, Sonderung, Begnadigung, Versinnbildlichung, volksthümlich [1]).

b) Alle übrigen werden eine halbe Stufe höherstehend angeschlossen. Ueber den Anschluß des **et** und **t** siehe 12.

Theiler, Zähler, Lustbarkeit, brüderlich, des Bildchens, Kleinigkeit, hundertfältig, Mannschaft, Drangsal, glückselig, Entblätterung [2]).

c) Hat indeß das Sigel eine Form, die nicht Anl. sein kann, so dürfen **sämmtliche** Endungen wie an ausgeschriebene Stämme angefügt werden:

Menschlich, üblich, übel, ihrer, Obrigkeit, schriftlich, sichtbar, ewiger, genauer [3]).

Aufgabe zu 45 siehe Seite 39.

46. Hülfszeitwörter.

Eine besonders zu merkende Klasse der Sigel bilden die Hülfszeitwörter, welche sämmtlich ihren Platz über der Linie haben. Dadurch wird es ermöglicht, die einzelnen Formen derselben mit einander zu verbinden, jedoch mit Ausschluß der Formen von **lassen** und **wollen**. Die Endung von **haben** und **werden** ist, wenn diese Formen bei Verbindungen der Hülfszeitwörter unter sich voranstehen, nicht zu bezeichnen.

a) Die Formen von **haben** werden durch ihren starken consonantischen Auslaut bezeichnet, die Umlautform **hätt** durch das schwache Zeichen [vergl. 39 [1]) alt, ält und [4]) auß, äuß]: **Hab, hast, hat (hatt), hätt, gehabt, zu haben, gehabt zu haben**; haben, habe, die Habe, habend, habt, habet, habest, hatten, hattest, hattet, hätten, hättest, hättet, gehabt hat, gehabt haben, gehabt hast [4]).

Aufgabe zu 46 a) siehe Seite 40.

b) Die Formen **sein, sei, bin, bist** sind durch ihren Ausl., **ist** und **sind** durch den Anl., **war** durch den Inl. bezeichnet:

Sein, sei, bin, bist, ist, sind, war, gewesen, zu sein, gewesen zu sein [5]).

Aufgabe zu 46 b) siehe Seite 40.

c) Die Formen von **werden**, mit Ausnahme der schon bekannten Abkürzungen **wird** und **wirst**, sind durch den Inl. ausgedrückt:

Werd, ward, wurd, worden, geworden, zu werden [6]).

Aufgabe zu 46 c). Was nicht gesagt zu werden verdient, wird gesungen. Der Staat wird untergehn früh oder spät, wo Mehrheit siegt und Unverstand entscheidet. Was ist ein Name? was uns Rose heißt, wie es auch hieße, würde lieblich duften. Beseligend war ihre Nähe, und alle Herzen wurden weit; doch eine Würde, eine Höhe entfernte die Vertraulichkeit. Abend wards und wurde Morgen, nimmer, nimmer stand ich still. Wer fertig ist, dem ist nichts recht zu machen, ein Werdender wird immer dankbar sein. Glücklich zu werden, das hoffe keiner, denn der Glückliche wird geboren. Mein Erziehn sei nicht vergebens, denn es würde einst mich reun. Und was du seist und mehr, so würde sie auch sein, wenn sie wie du erzogen wäre. Wer hätte geglaubt, daß du ein solcher Bösewicht werden würdest. Die ich rief, die

Geister, werd ich nun nicht los. Alle diese Gesetze wurden wieder aufgehoben, als Alfred König geworden war. Wann die Versammlung eröffnet werden wird, ist noch nicht bestimmt; man glaubt allgemein, daß es räthlicher sein würde, sie ganz zu verschieben.

d) Die Formen von **dürfen, können** und **mögen** sind durch ihren starken Anlaut gebildet, ausgenommen **mocht** und **möcht** [1]).

Aufgabe zu 46 d) siehe Seite 40.

e) **Laß** ist durch den Anl., **muß** durch den Ausl. gebildet. Die ablautenden und umlautenden Formen bekommen das schwache Zeichen [2]).

Aufgabe zu 46 e) siehe Seite 40.

f) **Woll** ist durch den Auslaut (**ll**) bezeichnet; **will** und **willst** sind in 23 d) gelehrt. **Soll** ist die Hauptform des **ſ** in Verbindung mit dem Auslaut **ll** [3]).

Aufgabe zu 46 f). Wenn wir thäten, was wir sollten, so thäte Gott auch, was wir wollten; weil wir nicht thun, was wir sollen, thut er auch nicht, was wir wollen. Du hast es gewollt, mein Freund, du hast es gewollt. Sie wollen frei sein und verstehen nicht gerecht zu sein. Wolle nicht immer großmüthig sein, aber gerecht sei immer. Die Zeit versteht, die Narren zu bekehren, sie mögen wollen oder nicht. Treu hingst du deinem alten Fürsten an, treu wolltest du dein altes Gut verfechten, drum soll es die Nachwelt laut erfahren, wie auch deutsche Bürger dankbar waren. Und wenn die Welt voll Teufel wär und wollten uns verschlingen, so fürchten wir uns nicht so sehr, es soll uns doch gelingen. Was, wann und wie man sprechen soll und thun, ist der Weisheit größtes Geheimniß, welches sich nicht lehren läßt. Der Krieger soll nicht seinen Füßen, sondern seinen Händen sein Leben anvertrauen; er soll nicht fliehen, sondern kämpfen. Sollt' aller Irrthum ganz verschwinden, so wär' es schlimm, ein Mensch zu sein. Doch sollen alle die hier wohnen, die ihr habt arm gemacht, so ist es viel zu klein. Theuer ist mir der Freund, doch auch den Feind kann ich nützen, zeigt mir der Freund, was ich kann, lehrt mich der Feind, was ich soll. Kannst du nicht schön empfinden, dir bleibt doch, vernünftig zu wollen, und als ein Geist zu thun, was du als Mensch nicht vermagst. Klein ist, nur zu wollen, was man eben kann; was er will zu können, macht den großen Mann. Wer höher steigt als er sollte, fällt tiefer als er wollte.

47. Präpositionen.

a) Folgende Präpositionen sind vor dem regierten Casus Präfixe.

An, auf, aus, außer, bei, durch, für, gegen, gen, hinter, in, mit, nach, neben, ohne, unter, über, um, von, vor, wider, zu, zwischen [4]).

Dieselben werden verbunden (falls unklare Wortbilder oder stumpfe Winkel entstehen würden — vorgesetzt), wenn das regierte Wort mit dem Artikel darauf folgt:

An der Quelle, auf einen groben Klotz, auf der Straße, aus der Kirche, außer den Wäldern, bei der Mutter, bei einem Raben, durch ein tiefes Wasser, für den König, gegen die Eltern, hinter der Thür, in dem Ofen, mit der eisernen Hand, nach dem glücklichen Ereigniß, neben der gründlichen Erörterung, ohne den Wind, unter der Schwelle, über den mächtigen Strom, um das liebe Brod, von der geschäftigen Hausfrau, vor der blutigen Schlacht, vor der Hand (die Vorderhand), wider die gute Sitte, zu einer freundlichen Gegend, zwischen den Bergen [5]).

b) Auch die mit dem Artikel verschmolzenen Präpositionen (Klebwörter) sind Präfixe; **am, im, zum, zur** und **gen** werden nur vorgesetzt, und zwar stehen **am** und **im** am Fuße des ersten Zeichens, wodurch sie sich von **an** und **in** unterscheiden, wenn diese vorgesetzt sind.

Aufs allerbeste, außerm Hause, beim Wirte, durchs Kornfeld, fürs Vaterland, hinterm Ofen, hintern Bergen, hinters Ohr, ins Herz, übern Kopf, überm Berge, übers Dach, ums Städtchen, unterm Volke, untern Tisch, unters Deckbett, vom

1. = darf, = dürfen, = dürft, [= dürf'],
= kann, = können, = könnt, [= könn'],
= mag, = mögen, = mocht, = möcht, [= mög'].

Leseübung:

2. = laß, = ließ, = muß, = müß.

Leseübung:

3. = woll, = soll.

Leseübung:

4.

5.

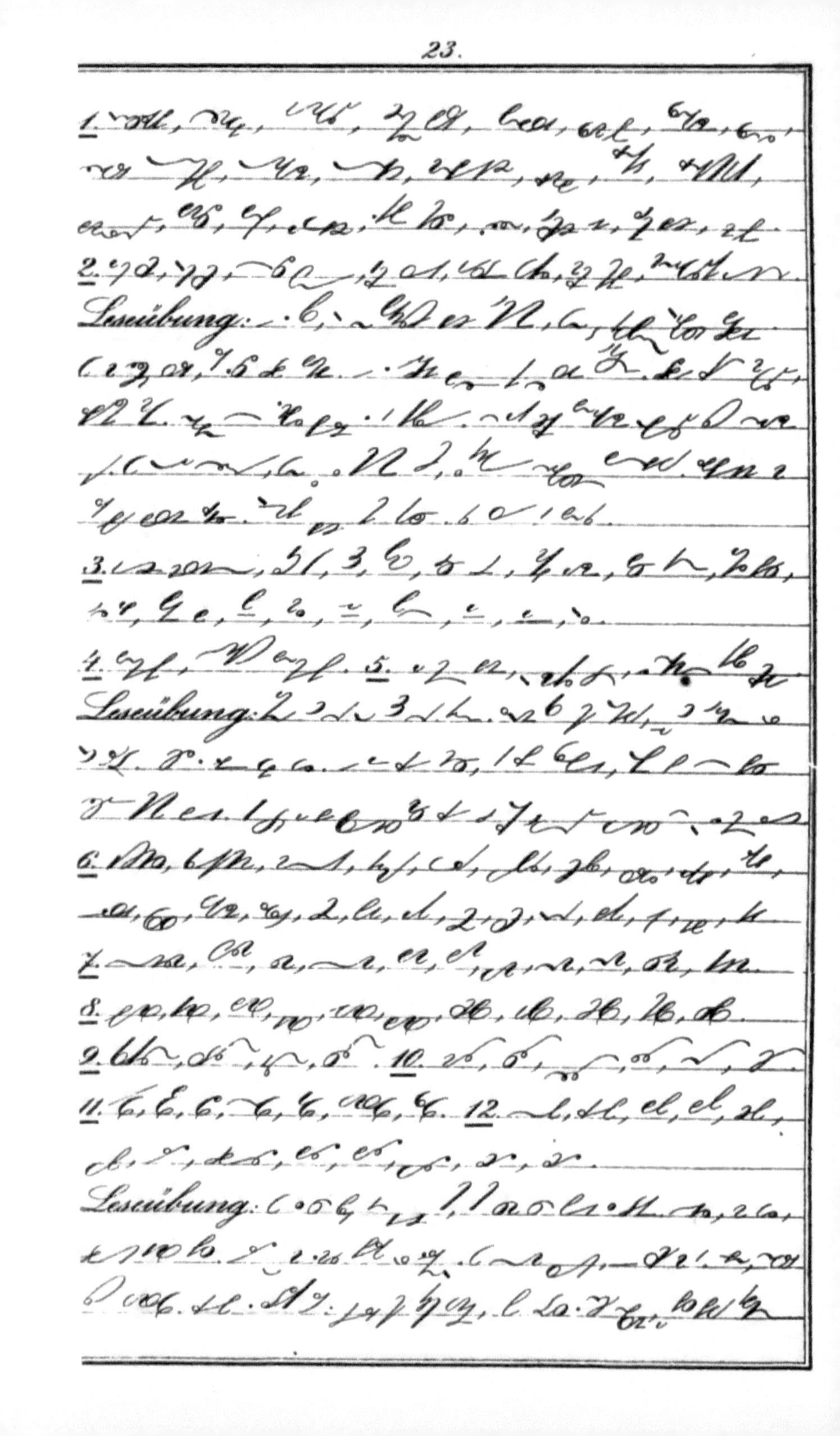

1.

2.

Leseübung:

3.

4. 5.

Leseübung:

6.

7.

8.

9. 10.

11. 12.

Leseübung:

Obersten, vorm Alter, vors Thor, am Häuschen, im tiefen Keller, im Innern, zum glücklichen Ende, zur guten Sache, gen Osten[1]).

c) Ist der Artikel ausgefallen, so werden diese Präpositionen nicht verbunden, sondern **vorgesetzt**, um nicht Verwechselungen mit Wörtern zu veranlassen, deren erster Theil eine Präposition ist:

An Gott glauben, auf gut Glück, aus alter Gewohnheit, nach großem Leid, bei schlechtem Wetter, mit großen Kosten, gegen unerwartete Ereignisse[2]).

Aufgabe zu 47 a—c) siehe Seite 41.

d) Da Präpositionen mit Zahl- und Fürwörtern keine Begriffswörter bilden, so fällt für sie der in c) angeführte Grund fort, und die Präpositionen können daher mit ihnen verbunden werden. Sind indessen die Zeichen der auf die Präposition folgenden Zahl- oder Fürwörter halbst., so wird die Präposition der Deutlichkeit wegen besser darüber gesetzt.

Bei manchen Gelegenheiten, nach jener That, durch dich, für mich, zu allen Zeiten, mit tausend Armen, vor allen Dingen, an keiner Stelle, zu dieser Ansicht, für deinen Vater, für ihn, mit dir, ohne ihn, für sich, an ihn, an dem, auf der[3]).

e) **von**, als Adels-Bezeichnung, wird verbunden:

von Göthe, ein Gedicht von Göthe[4]).

f) Steht die Präposition nicht unmittelbar vor dem regierten Casus, dann ist sie auch nicht Präfix: An Gottes Segen, auf der Mutter Schoß, in des Dammes tiefer Grube[5]). **Aufgabe zu 47** d—f) siehe Seite 41.

48.

Die Schreibweise folgender Wörter ist zu beachten:

Nachtigall, Bräutigam, Meineid, Demuth, Heirath, Hoffahrt, Jungfer, Lorbeer, Amboß, Imbiß, Eiland, Wollust, Herberge, der Herzog, Januar, Februar, April, Juni, Juli, August, September, October, November, December[6]).

Aufgabe zu 48 siehe Seite 42.

49. Ausgänge von Adverbien, Zahl- und Fürwörtern.

a) **Maßen** und **mal** werden durch das starke **m** bezeichnet. Ersteres folgt auf **er**, letzteres nur auf Zahlwörter und auf die Pronomina **das** und **dies**; ausnahmsweise auch gebraucht in **allzumal** und **dazumal**.

Einigermaßen, gewissermaßen, dermaßen, einmal, viermal, vielmal, hundertmal, dasmal, diesmal, allzumal, dazumal[7]).

b) Bei **mals** und **falls** wird in den starken Anl. die Hf. des **s** mit so weitem Bogen zurückgezogen, daß zu gleicher Zeit ein **l** mit ausgedrückt ist. Oftmals, damals, vielmals, nochmals, ehemals, vormals, gleichfalls, ebenfalls, jedenfalls, keinenfalls, allenfalls[8]).

c) **Dings** ist das aufwärts gezogene **d** mit der Endung **ing**:

Platterdings, schlechterdings, neuerdings, allerdings[9]).

d) **Seits** steht nur nach **er** und in **diesseits** und **jenseits**:

Meinerseits, allerseits, unsrerseits, ihrerseits, diesseits, jenseits[10]).

e) **Wärts**, das starke **w** mit der Hf. des **s**, ist nicht Suffix:

Seitwärts, vorwärts, rückwärts, auswärts, abwärts, himmelwärts, hinterwärts[11]).

f) **Fach** ist das schwache **f**; **lei**, das **ei**, bei welchem der i-Punkt rechts herum geschrieben wird:

Einfach, dreifach, vierfach, vielfach, manchfach, hundertfach, einerlei, zweierlei, viererlei, vielerlei, hunderterlei, mancherlei, welcherlei[12]).

g) Der Anschluß von **wegen**, **gleichen**, **halben** und **willen** an Pronomina ist aus folgenden Beispielen ersichtlich:

Meinetwegen, euretwegen, unsertwegen, ihretwegen, derentwegen, dessentwegen, meinesgleichen, seinesgleichen, unsersgleichen, ihresgleichen, deinethalben, ihrethalben, derenthalben, meinetwillen, euretwillen, unsertwillen, derentwillen, dessentwillen[1]).

Aufgabe zu 49 a—g) siehe Seite 42.

50. Zusammengesetzte Fürwörter.

a) Ist **zu** oder **um** Suffix, so werden diese tiefer angeschlossen; doch kann **zu** zuweilen aufwärts gezogen werden: Dazu, hierzu, hinzu, herzu, wozu, allzu, geradezu, immerzu, garzu, darum (das des Wohlklangs wegen eingeschobene **r** wird nicht bezeichnet), hinum, herum, linksum, ringsum, rechtsum, kurzum, wiederum[2]).

b) **Mehr** und **ein** als zweiter Theil schließen sich dem ersten Theil, ersteres in gleicher Höhe, letzteres schräg ansteigend an: Immermehr, nimmermehr, nunmehr, vielmehr; worein, darein, hinein[3]). **Aufgabe zu 50** siehe Seite 43.

51. Fortsetzung.

Bei den übrigen zusammengesetzten Formwörtern ist darauf zu achten, ob die einzelnen Theile Affixe sind oder nicht; hierbei ist das Pronomen **der, die, das**, wenn nicht ein besonderer Nachdruck darauf liegt, als Affix zu behandeln.

a) Beide Theile sind Nicht-Affixe: sie bleiben in der Zusammensetzung auf ihrer Stelle: Alsbald, sodann, gleichviel, jedoch, wonächst, wonebst, sofern, bisweilen, dergleichen, dergestalt, demgemäß[4]).

d) Ein Theil ist Affix: dieser wird mit dem anderen als Präfix oder Suffix verbunden: Anstatt, dereinst, deswegen, deshalb, oberhalb, ohnedies, überdies, überall, inmitten, insofern, insgemein, umsonst; bisher, davor, danach, daneben, danieder, darob, daran, darauf, worin, darunter, worunter, woraus, hintan, hintenan, himmelan, nächstdem, jahrein[5]).

c) Beide Theile sind Affixe:

α) Sind beide Zeichen gleich groß, so bestimmt das erste die Stellung zur Linie:

Zuvor, zugegen, herbei, ohnedem, hinab, hernieder, hervor, hinterher[6]).

β) Sind sie verschieden groß, so bestimmt das größere die Stellung zur Linie: Anher, anheim, einher, inzwischen, obwohl, ohnehin, durchaus, fortan, forthin, hinauf, wohlan, vollauf[7]).

γ) Ist **vor** für die Stellung maßgebend, so steht die Zusammensetzung auf der Linie: voran, voraus, vorauf, vordem, vorüber, vorab, vorbei[8]).

Aufgabe zu 51 siehe Seite 43.

52. Ausnahmen zu 51.

a) Folgende Wörter werden des bequemeren Anschlusses wegen von den Regeln abweichend behandelt: Alsdann, hierselbst, mitteninne, mittendurch, gleichwohl, wiewohl, hierher, umher, umhin, mithin, vorher, vorhin[9]).

b) Um Zweideutigkeiten zu vermeiden, geschieht dasselbe bei folgenden Wörtern: Nachher (nah), nebenan (na), hinfort (Hauf), herauf (hau), wonach (wohnt), woneben, damit, dafür, dadurch, geradeaus, jahraus, bergab, zeither[10]).

Aufgabe zu 52 siehe Seite 44.

53. Anwendung der Dehnungszeichen.

Wo die Orthographie der gewöhnlichen Schrift genau wiedergegeben werden soll, müssen in der stenographischen Schrift auch die Dehnungszeichen gesetzt werden, und zwar wird von den Doppelvocalen der erste bildlich, der zweite buchstäblich bezeichnet (vergl. 35 d) und e), das Dehnungs-**h** geschrieben, **ie** durch die weite Verbindung ausgedrückt:

Waal, Leer (Stadt), Roon, Köhler, Mähren, Kiel, Wien[11]).

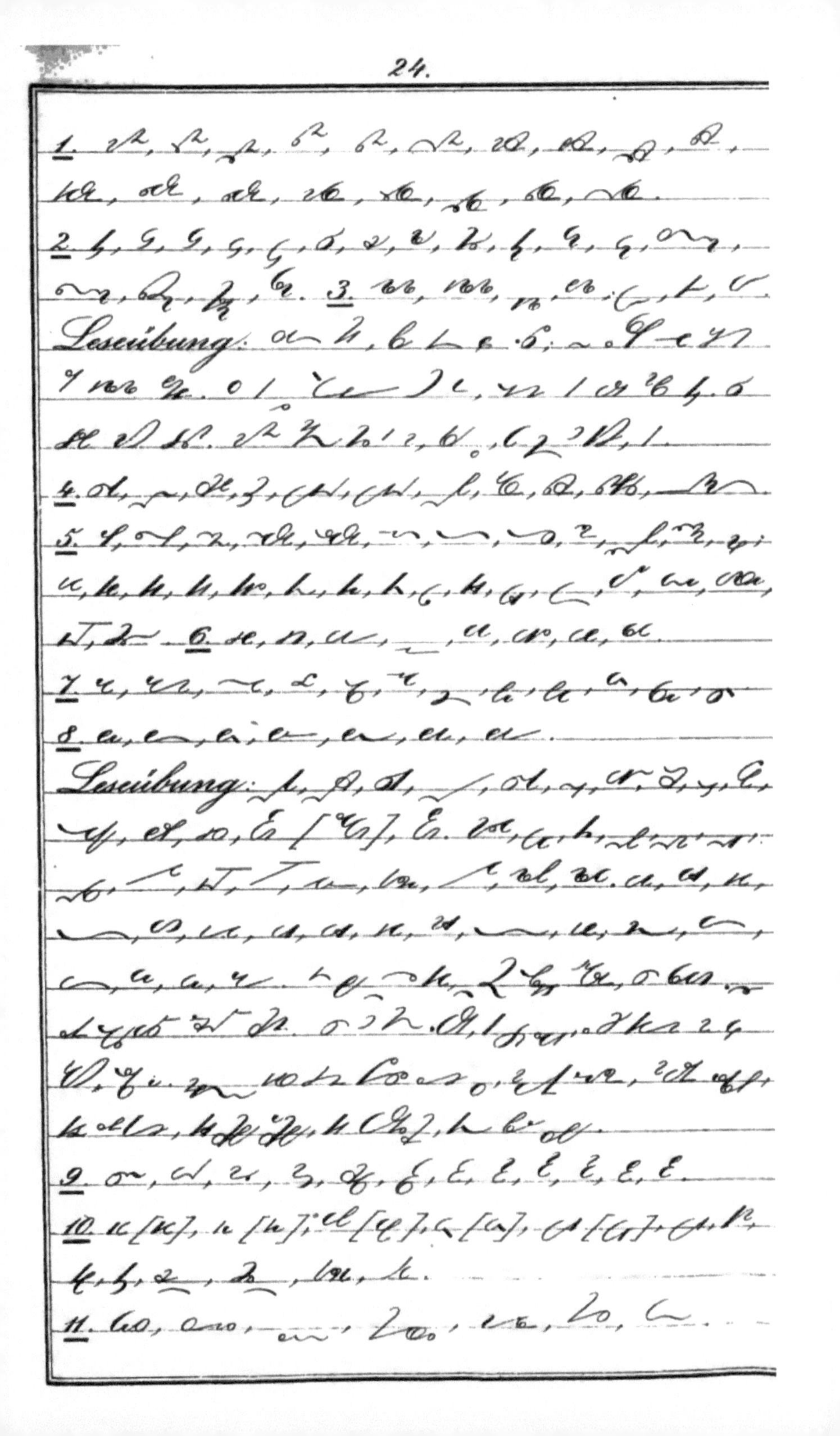

1.

2.

3.

Leseübung:

4.

5.

6.

7.

8.

Leseübung:

9.

10.

11.

1. [illegible] 2. [illegible]

[illegible] 3. [illegible] 4. [illegible]

[illegible] 5. [illegible] 6. [illegible]

7. [illegible] 8. [illegible]

[illegible] 9. [illegible]

[illegible] 10. [illegible] 11. [illegible]

12. [illegible]

Leseübung: [illegible]

13. [illegible]

14. [illegible]

Leseübung: [illegible]

15. [illegible] 16. [illegible]

[illegible] 17. [illegible]

18. [illegible] 19. [illegible]

20. [illegible] 21. [illegible] 22. [illegible]

Leseübung: [illegible]

54. Orthographisches.

a) Bei Namen werden die Endsilben **er** und **el** nicht eingeschlungen: Pfeffel, Faber, Hebel, (Prechtl)[1]. — b) Ist der Vocal einer vollständig bezeichneten Endung oder der Vorsilbe **ge** ausgefallen, so wird der Apostroph über den betreffenden Bindestrich gesetzt; das geschieht auch bei **ohn**: mächt'ger, eh'lich, wonn'sam, Gmünd, Gfrörer, ohn' allen Zweifel[2]. — c) Auch dann wird der Apostroph gebraucht, wenn zu Anfang eines Wortes ein Vocal oder eine mit einem Consonanten beginnende Silbe ausgefallen ist: 's ist 'ne Schande, 'ne üble Angewohnheit, 'raus, 'nein, 'rüber, 'nüber[3]. — d) Wer es für erforderlich hält, die nachfolgenden Wörter zu unterscheiden, der befolge die eine oder andre der auf der Tafel angegebenen Schreibweisen: Dinte, diente, Borte, bohrte, schielt, har't, Kante, kahnte, buch't, liest, niesten, schaarte, kos't, ras'ten, fluch't.[4]) — e) Soll ein Zeichen nicht als Sigel gelesen werden, so wird seine Sigelbedeutung durch einen darunter gesetzten halbst. Strich aufgehoben: **l** und **r** werden in Bogenbuchstaben eingeringelt[5]. — Als Abkürzungszeichen für Namen dient, wie in der gewöhnlichen Schrift, der nebengesetzte Punkt: Fr. v. Schiller. J. P. F. Richter[6]. — f) Wenn der erste durch ein Sigel bezeichnete Theil eines zusammengesetzten Wortes als Präfix eine andere Bedeutung hat, dann ist er entweder durch ein Bindezeichen vom zweiten Theil zu trennen, oder ausführlich zu schreiben: Viertheilung (vor Theilung), Nichtgebrauch[7]. **Aufgabe zu 54** siehe S. 44.

55. Bezeichnung fremder Vocale. (Vergleiche 35 d und e.)

a) Die Vocale der Hauptsilben fremder Wörter werden wie die Vocale der Stammsilben deutscher Wörter bezeichnet. Soll ein Fremdwort als solches besonders kenntlich gemacht werden, so dient dazu ein darunter gesetzter Punkt: Hospes, Donna, dubliren, dramatisch, Bisam, Autor, Rex, eventuell, imago, id est, Ode, Ödem, urgiren, un poco[8]. — b) Folgende französische Vocale können durch die gleichlautenden deutschen Vocale bezeichnet werden, nämlich: u wie **ü**, eu und oeu wie **ö**, ai wie **ä**, ou wie **u**, au und eau wie **o**; eau kann indessen nach **c** nur dann durch **o** bezeichnet werden, wenn auch das **c** dem Laute nach durch **ß** bezeichnet ist: Bureau, Meubel, Chapeau, Berceau, Maire, Chaise, troup, chou[9]. — c) Das phonetische **i** vor **l** oder **ll**, welches nach einem andern Vocal steht, wird in **l** eingeschlungen, indem man zuerst **l**, dann **i** bildet: Feuille, Serail[10]. — d) **y** kann durch **i** bezeichnet werden: Mystisch, physisch[11]).

56.

a) In den Nebensilben können **i, ie, o, ö, u, ü** bildlich bezeichnet werden durch weitere Ausführung des bei den Endungen **in, iren, ut** angewandten Princips: Höher- oder Tieferstellung des darauf folgenden Zeichens mit kurzer oder weiter Verbindung, mit oder ohne Verstärkung. In den Nebensilben is, os, us steht in diesem Falle die Hf. des **s**: Gardine, jubiliren, Indien, Manier, Spanier, familiär, Condor, famös, Minute, Namür[12]). — b) Da Doppelconsonanten in der Regel mit andern Consonanten in fremden Wörtern nicht unmittelbar verbunden sind, so kann die Verstärkung eines Vorlauts oder Nachlauts zur Bezeichnung eines voraufgehenden oder nachfolgenden **a** verwendet werden. Daher kann auch die Verstärkung solcher Consonanten, welche überhaupt nicht verdoppelt werden (**h, ch, j, ct, st, sp, mp, v, w, x**), zur Bezeichnung eines nachfolgenden **a** dienen: Soldat, Monarch, sancta, Album, Archont, ästhetisch, Walhalla, Achat, mechanisch, Octaeder[13]). — c) In Eigennamen richtet sich die Lautbildung nicht nach bestimmten Gesetzen, und es darf daher in solchem die bildliche Bezeichnung des **a** nur mit Vorsicht angewandt werden: Alfred, Albert, Johanne, Wiarda, Tristan, Zachariä, Archangel[14]). **Aufgabe zu 55 und 56** siehe Seite 44.

57. Bezeichnung fremder Consonanten.

a) Hat **y** den consonantischen Laut des **j**, so wird es durch dieses mit dem unten eingeschleiften **i** bezeichnet: Yard, York, Bayonne, Cayenne[15]). — b) Der sanfte Zischlaut, der in der deutschen Sprache fehlt, wird durch das zweistufige mit einer Schleife beginnende **sch** bezeichnet. Dadurch wird die Bezeichnung der phonetischen Buchstaben u und e nach **g** überflüssig: Joujou, Jargon, Giro, Genre, gentil, Sergent, Guinee, Gueridon[16]). — c) **ph, th, sth** und **c** können im Ausl. durch die gleichlautenden **f, t, st** und **k** bezeichnet werden: Sophistisch, Strophe, Aether, Korinth, Asthma, Secante, practisch[17]). — d) **nqu** und **nc** können, wenn sie wie **nk** lauten, durch dieses ausgedrückt werden. Lautet **nc** wie **nß**, so dient dafür ein links schräg gestelltes e: Banquet, blanco, France, Chance[18]). — e) qu hat das entsprechende deutsche Zeichen in einstufiger Größe: Sequester, äqual, Aquarium, Quartier, Quinte[19]). — Sigel: **quant, quitt**: Quantum, Quittung, quittiren[20]). — f) Das in Namen vorkommende **q**, z. B. Lestoq, siehe 21. — g) Für **th, pph** und **ch** stehen die starken Zeichen: Matthäus, Sappho, Bacchus[22]). **Aufgabe zu 57** siehe Seite 45.

58. Mehrfache Consonanten.

a) Auch in Fremdwörtern und Eigennamen müssen mehrfache Consonanten unmittelbar verbunden werden (siehe 34). Wo die unmittelbare Verbindung unbequem ist, wird ein Apostroph über den Verbindungsstrich der Consonanten gesetzt. Zu beachten ist, daß einige mit **t**, **s** und **sch** verbundene Consonanten für **t** mit einer graden Linie, für **s** mit einem Bogen, für **sch** mit einer Schlangenlinie durchschnitten werden: Tlascala, Tmesis, Ptysis, Phthisis, Skelett, Skizze, Smaragd, Slam, sphärisch, Szekler, Zschokke, Tzschirner, Dschami, Llama, Sneer, Mnemosyne, pneumatisch, Dnjestr, Diphthong[1]).

b) Das vorlautende **t** im mehrfachen Ausl. vor dreistufigen Zeichen ist zu beachten: Netke, Kletke, Ochotsk, Belitski, Kamtschatka[2]).

Aufgabe zu 58 siehe Seite 45.

59.

a) Die lateinische Präposition **in** wird wie die gleichlautende deutsche bezeichnet. Es ist bei den fremden Präpositionen indessen zu merken, daß bei einigen der Endconsonant veränderlich ist, und zwar, daß er sich nach dem Anl. der darauf folgenden Silbe richtet (assimilirt). Wo bei Wörtern neuerer Bildung der Endconsonant nicht assimilirt ist, wird die Präposition vorgesetzt, nicht verbunden. Das **n** der Präposition **in** geht vor **m, b, p**, in **m**, vor **l** in **l**, vor **r** in **r** über, und fällt vor **gn** ganz fort; in allen übrigen Fällen erscheint die Präposition in ihrer ursprünglichen Form. Kann ein Wort ohne Anwendung des Präfixes kürzer bezeichnet werden, so darf dies geschehen. Aus demselben Grunde dürfen auch Wörter gegen die Abstammung mit Präfixen geschrieben werden: Infamie, inactiv, in armis, Immortellen, illuminiren, irridiren, Ignorant, imposant, imbibiren[3]).

b) Die lateinische Präposition **ob** wird ebenfalls wie die deutsche bezeichnet; in **obs** wird das **s** geschrieben: Oblate, Obsidian, Occident, offeriren, obruirt, obteniren, opponiren, obscön, omittiren[4]).

c) **ex** wird bezeichnet durch die Hauptform des **e** mit einem voraufgehenden Anstrich: Exponiren, Examen, extrahiren, exogen, exempt, emaniren, Ecclesia, efficiren, emittiren, exmittiren[5]).

Sigel. Extrem[6]).

d) **Extra:** Extravagant, Extrapost, Extrablatt, Extravasat, extra muros[7]).

Aufgabe zu 59 siehe Seite 45.

60.

a) Die Endsilben **é, ée, er, et** bezeichnet die Hauptform des **e**: Quarré, Souper, Diner, Abbé, Banquier, Portier, Congé, Aventürier[8]).

b) Die Endsilbe **io** ist das höher gestellte **o**: Ratio, Sanzio, David Rizio[9]).

c) Die Endung **ion** bezeichnet das **i** mit dem **o**. Von den voraufgehenden Nebensilben **it, at, ut** wird nur der Vocal geschrieben: Ration, Rotation, Vocation, Opposition, Execution[10]).

d) Die Endsilben **ator, itor, utor, atör, itör, atur, itur** werden durch ihre Vocale mit dem Endconsonanten **r** bezeichnet: Calculator, Monitor, executorisch, Amatör, Monitör, Stuckatur, Investitur[11]).

Aufgabe zu 60 siehe Seite 46.

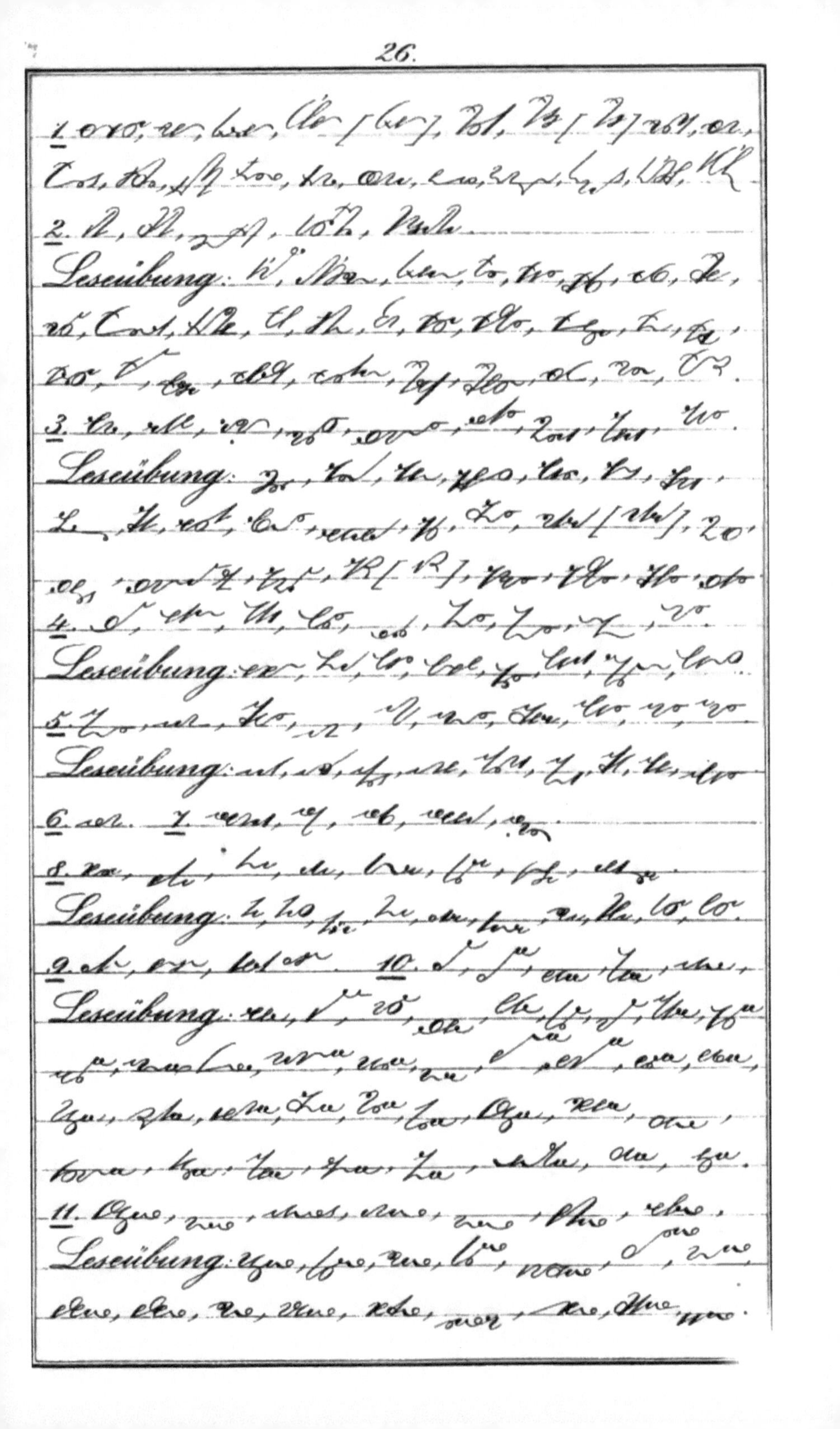

1.

2.

Leseübung:

3.

Leseübung:

4.

Leseübung:

5.

Leseübung:

6. 7.

8.

Leseübung:

9. 10.

Leseübung:

11.

Leseübung:

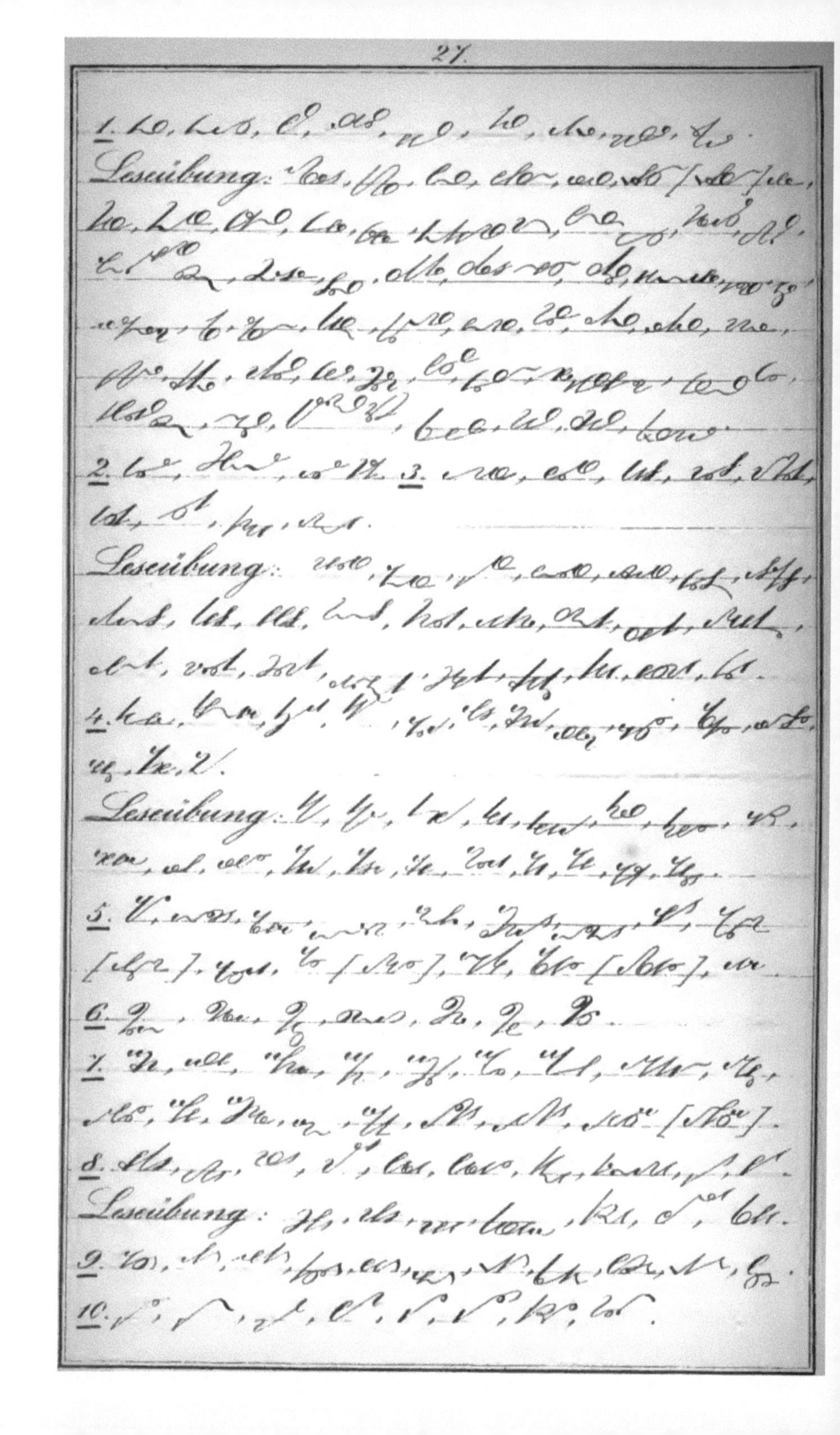

1. [illegible]

Leseübung: [illegible]

2. [illegible] 3. [illegible]

Leseübung: [illegible]

4. [illegible]

Leseübung: [illegible]

5. [illegible]

6. [illegible]

7. [illegible]

8. [illegible]

Leseübung: [illegible]

9. [illegible]

10. [illegible]

61.

a) l und r mit dem Druck auf der linken Seite bezeichnen die Endsilben **al** und **ar**; dasselbe Zeichen höher gestellt ist **ial** und **iar**; **ier** wird durch **ä** mit links herum geschriebenem **r** bezeichnet:

Canal, Canäle, fatal, illiberal, social, Ideal, Actuar, Mobiliar, Europäer[1]).

b) Das links herumgeschriebene **r**, mit weiter Verbindung eine halbe Stufe gegen das letzte Zeichen erhoben, bedeutet die Endsilbe **ière**:

Barriere, Chiffonniere, Arrieregarde[2]).

c) In den Endsilben **abel**, **age**, **ad** und **ac** dient der verstärkte Konsonant zur Bezeichnung des **a**:

Amabel, variabel, Bandage, Mariage, Maskerade, Ballade, Iliade, Tombak, Ammoniak[3]).

Aufgabe zu 61 siehe Seite 46.

62.

a) Die lateinische Präposition **ad** wird, wenn sie in der Form **ad** erscheint, durch das starke **d**, in allen übrigen Fällen durch **a** bezeichnet:

Adhäsion, Adstringentia, Adjutant, Addition, accurat, Affiche, Aggregat, Alluvium, annulliren, applaudiren, arrangiren, Assessor, Attaque, Agnat[4]).

b) Die beiden griechischen Vorsilben **a** (**an**, **am**) und **amb** (**am**, **an**) werden ebenfalls durch **a** bezeichnet, jedoch wird von der letzteren das **b** zur Hauptsilbe gezogen, **an** aber ausgeschrieben:

Apathie, anarchisch, Ambrosia, anonym, Amnestie, achromatisch, anorganisch, statisch, Aphorismen, ambulant, ambiren, anceps, amplectiren, Amicia[5]).

c) Den arabischen Artikel **al** bezeichnet das rechts starke **l**:

Alkoran, Algebra, Alkohol, Almanach, Alchemie, Alkoven, Alkali[6]).

d) Die Abkürzungen für **ana**, **ante**, **anti**, **ant** sind aus folgenden Beispielen ersichtlich:

Anagramm, Analyse, Anathema, Anatom, Anachoret, Anapher, Anapäst, Antecedentien, Antecessor, anteferiren, Antithese, Antichambre, Antimon, Antipoden, antarktisch, anthektisch, Anthelia[7]).

Aufgabe zu 62 siehe Seite 46.

63.

a) Die Endsilben **az**, **iz** und **ic** (**ik**) werden durch ihren Auslaut bezeichnet:

Strapaze, Hospiz, Miliz, Matrize, Fabrik, fabriciren, Tectonik, Dynamik, Notiz, Statik[8]).

b) Die Endsilben **enz**, **anz**, **ence**, **ance** werden durch den schräg liegenden Auslaut ausgedrückt:

Excellenz, Existenz, Evidenz, Toleranz, Vacanz, Assonanz, Audienz, Prüdence, Fayence, Audience, faulenzen[9]).

c) Es ist zu merken, daß die höher zu stellenden Endsilben **iren**, **irung**, **iv** und die tiefer zu stellenden **um**, **ur**, **us** oben an das aufwärts gezogene **t** angeschlossen werden dürfen:

Notiren, Notirung, Motiv, Fatum, Natur, natürlich, Textur, Spiritus[10]).

Aufgabe zu 63 siehe Seite 46.

64.

a) Das einstufige starke **b** bezeichnet die Präposition **ab**; in **abs** wird das **s** geschrieben:

Abbreviren, Abiturient, abstrahiren, Abscisse, abrupt, abscediren, Absceß, abhorriren, abnorm, Absorption, Absenten[1]).

Vor **m** und **v** wird das **b** abgeworfen und die Präposition dann durch **a** bezeichnet:

Amoviren, avociren[2]).

b) In den Präpositionen **apo, epi (ep)**, sowie in den folgenden, wird das **p** durch das einstufige Zeichen (**b**) ausgedrückt. Da die Bedeutung eines jeden Zeichens durch seine Stellung im Wortbilde bedingt ist, so ist diese Vertauschung zulässig:

Apotheose, Apostel, Epidemie, Epigramm, Epode[3]).

c) **Pro, pros, proto**:

Profan, Procession, Prosthesis, Proselyt, Protosecretär, Protonotar[4]).

d) **Prä, pre, präter**:

Prätendent, Präfix, Präsident, précis, Pressentiment, prévenant, praeter propter[5]).

e) **Para** (vor Vocalen und im Französischen **par**), **per, peri**:

Paradigma, Paraphrase, Paradoxon, perfide, persuadiren, perhorriren, peripathetisch, Periode, Perikope, Parfüm[6]).

f) **Poly, pseudo** (vor Vocalen **pseud**):

Polygamie, Polyglotte, Polygon, Pseudomedicus, pseudonym, Pseudodoxie[7]).

Aufgabe zu 64 siehe Seite 46.

65.

a) Die lateinische Präposition **cum** wird vorgesetzt. In Wortzusammensetzungen (wo sie con heißt und assimilirt ist) steht das schwache **c**:

cum grano salis, Confrater, Collisionen, corrumpiren, Coordinaten, Compagnon, cohibiren, Accomodation[8]).

b) **Contra, contre, contro**:

Contrabaß, Contraventionalstrafe, Contratöne, Contremine, Contreadmiral, controvertiren[9]).

c) **Sigel. Consequent, Consequenz, Contrast, Controle,** Controlör[10]).

d) **Circum, cata**:

Circumflex, Circumstanz, Circumferenz, Cataplasmen, Catacomben, Catechese[11]).

Aufgabe zu 65 siehe Seite 47.

66.

Sigel. Cap, capit, cept, cip, cop (corp), coup (cup, cult), cent, central, Charakter:

Capelle, Captation, Capital, capituliren, Accept, Präceptor, concipiren, Präcipitation, copiren, Corps, Corporation, Coupé, Occupation, Cultus, Cultur, Centner, Procent, central, Charakter, charakteristisch[12]).

Aufgabe zu 66. Da fing er an, sich zu entschließen, dem redlichen Amynth, der ihm die Handschrift gab, auf sechs Procent zehn Thaler vorzuschießen, und dies Procent zog er gleich ab. Welch ein Rohr! o, gewiß aus der Mondstadt Constantinopel mitgebracht von dem Freund, dem Hauscapellan der Gesandtschaft. Eigenheiten, die werden schon haften: cultivire nur deine Eigenschaften. Und von der Hand die Binde nimmt ihm der Corporal, und Sandwirth Hofer betet allhier zum letzten mal. Bei jedem Kunstwerke, groß oder klein, bis ins Kleinste kommt alles auf die Conception an. Durch nichts bezeichnen die Menschen mehr ihren Charakter, als durch das, was sie lächerlich finden. Von der Parteien Gunst und Haß entstellt, schwankt sein Charakterbild in der Geschichte. Frömmigkeit ist kein Zweck, sondern ein Mittel, um durch die reinste Gemüthsruhe zur höchsten Cultur zu gelangen.

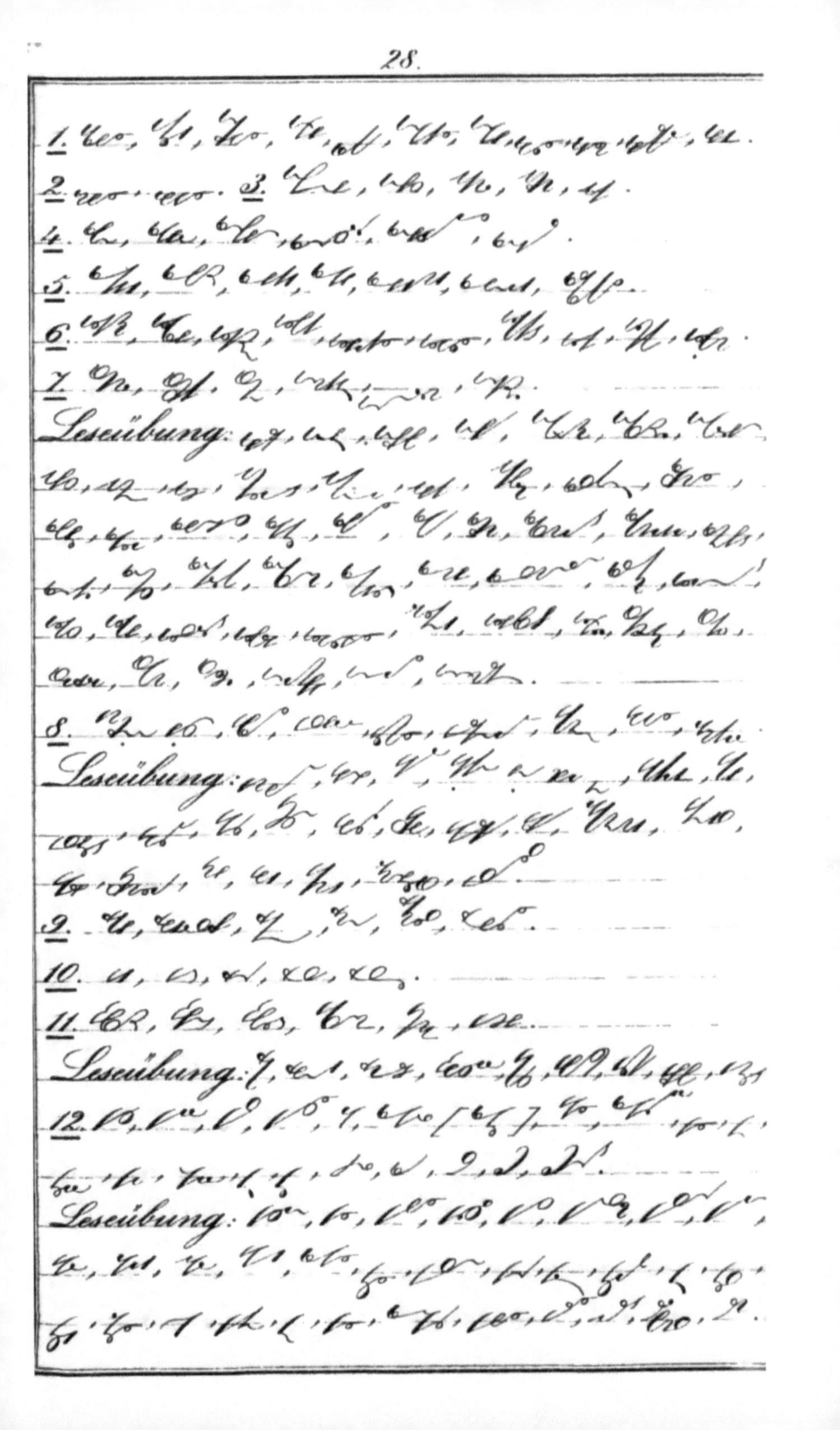

1.

2. 3.

4.

5.

6.

7.

Leseübung:

8.

Leseübung:

9.

10.

11.

Leseübung:

12.

Leseübung:

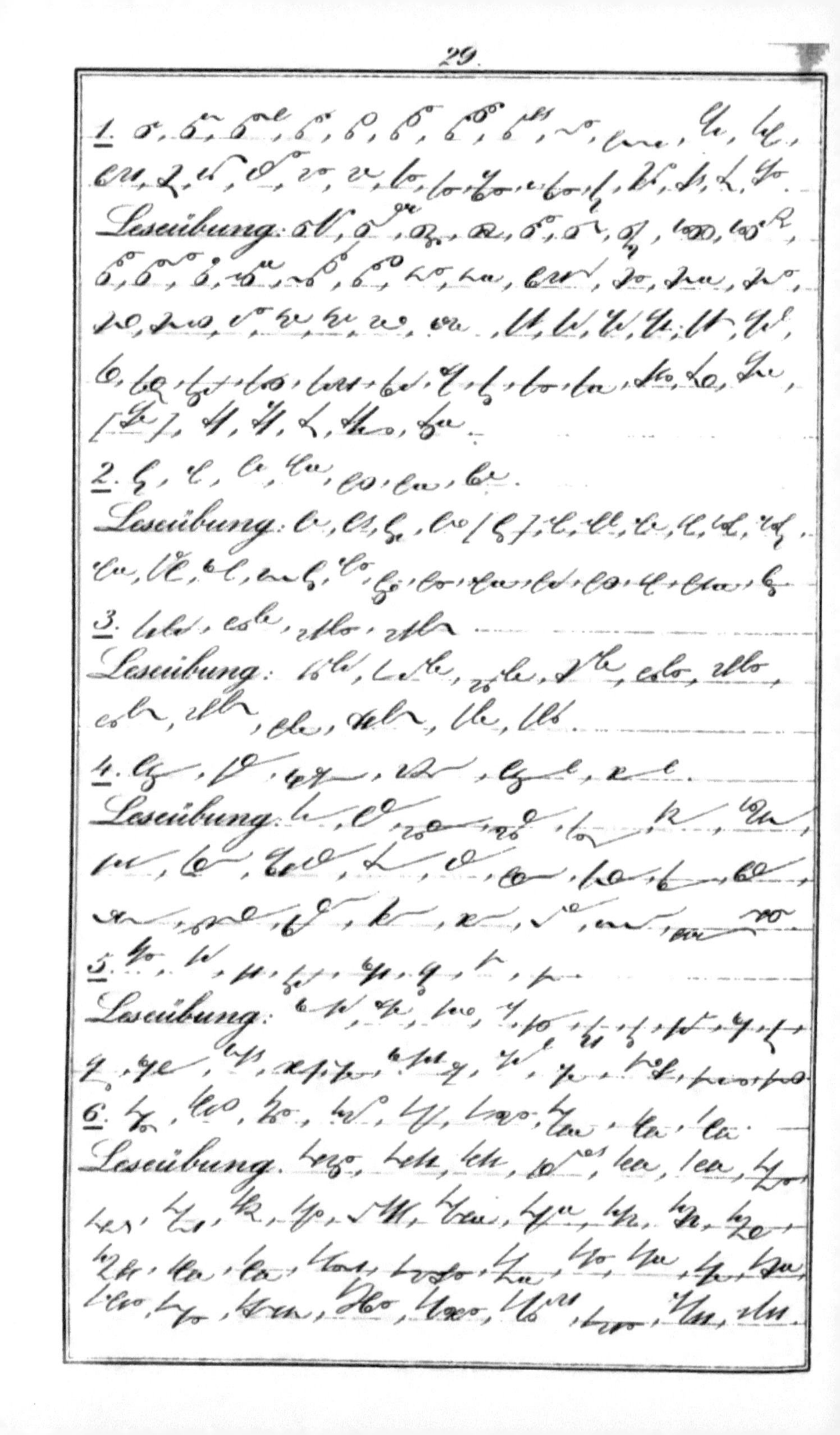

1.

Leseübung:

2.

Leseübung:

3.

Leseübung:

4.

Leseübung:

5.

Leseübung:

6.

Leseübung:

67.

Die Anwendung einiger deutscher Wortsigel in fremden Hauptsilben ist aus folgenden Beispielen, von denen einige noch in den Nebensilben gekürzt sind, ersichtlich: Allee, Altan, Alternative, Arterie, Artikel, artikuliren, Artillerie, artesisch, biniren, Fortuna, Fortepiano, Pianoforte, Fragment, Gradus, Habitus, habilitiren, mittiren, Mission, pariren, postiren, approbiren, anprobiren, Punctum, qualiter, tragisch, Tribun, contribuiren[1]).

Aufgabe zu 67. Die Allegorie verwandelt die Erscheinung in einen Begriff, den Begriff in ein Bild. Wer dem Altar dient, soll auch vom Altar leben. Man reißt und schleppt sie vor den Richter, die Scene wird zum Tribunal, und es gestehn die Bösewichter, getroffen von der Rache Strahl. Wohl, wer auf rechter Spur sich in der Stille siedelt, im Freien tanzt sichs nur, so lang Fortuna fiedelt. Andre zu kennen, da mußt du probiren, ihnen schmeicheln oder sie vexiren. Bemalung und Punctirung des Körpers ist eine Rückkehr zur Thierheit. Hunde sind die Auxiliartruppen des Menschen, durch deren Allianz er die meisten Thiere zwingt, die nach dem Fall Adams seinen Commandostab verkennen. Mir gäb' es keine größ're Pein, wär' ich im Paradies allein. Das Attribut vom höhern Götterstand, die Kugel kam herab in der Monarchen Hand.

68.

a) **Sigel. Fact, fect, firm, form, fract**:

Factum, Affect, Firma, Confirmation, formell, Formation, Fraction[2]).

b) In den Endsilben **ificat, ification, ificiren, ificirung** wird das höher gestellte **f** mit den Endsilben **at, ion, iren, irung** verbunden:

Pontificat, Verifikation, modificiren, Modificirung[3]).

Aufgabe zu 68 siehe Seite 47.

69.

Die Endsilben **tät (ität), stät, tativ (itativ)** sind der deutschen Endung **heit** analog und werden eben so bezeichnet:

Facultät, Totalität, Absurditäten, Majestäten, facultativ, quantitativ[4]).

Aufgabe zu 69. Majestät der Menschennatur! dich soll ich beim Haufen suchen? bei wenigen hast du von jeher gewohnt. Die Körper sind verschieden in ihrer Qualität; was ihre Eigenschaften uns sagen, ändert sich, je nachdem sie geordnet sind. Ohne Autorität kann der Mensch nicht existiren, und doch bringt sie eben so viel Irrung als Wahrheit mit sich. Wundersam, auch Schwäne kommen aus den Buchten hergeschwommen, majestätisch rein bewegt. Die wahre Liberalität ist Anerkennung.

70.

a) **Sigel. dic (dict), doc (doct), duc (duct), Disciplin, Doctrin**:

Addiciren, Dictat, Docent, Doctorat, Producent, Conductor, Disciplin, Doctrin[5]).

b) Präfixe **dis, dif, di, dia, de (des)**. Der Artikel **die** wird nicht verbunden, wenn er mit **di** collidirt. Discurs, difficil, digeriren, Diameter, Depot, desarmiren, Disposition, Diffusion, die Fusion[6]).

Aufgabe zu 70. Wenn zwei Meister ihrer Kunst in ihrem Vortrag von einander differiren, so liegt wahrscheinlicher Weise das unauflösliche Problem in der Mitte zwischen beiden. Sollte heißen: gern dictire, und das ist doch auch ein Sprechen, wo ich keine Zeit verliere; niemand wird mich unterbrechen. Man muß bedenken, daß unter den Menschen gar viele sind, die doch auch etwas Bedeutendes sagen wollen, ohne productiv zu sein, und da kommen die wunderlichsten Dinge an den Tag. Beschaut gefälligst dieses Diadem, wo Diamanten mit Saphiren wechseln und diese Schnur von feurigen Korallen. Nein, ein Discurs, wie dieser da, ist grade der, den ich am liebsten führe. Das Haupt, das nun der Scheere sich bequemt, mit mancher Krone wards bediademt. Die Produkte des Assimilationsprocesses sind entweder zum Erhalten der Pflanze oder zur Neubildung von Pflanzenorganen nöthig, oder sie sind als Nebenproducte des Assimilationsprocesses entbehrlich. Produciren ist der beste Zustand, in den die Götter den Menschen versetzen mögen.

71.

Präfixe me (mes), re, ra (rac u. s. w.), se.

Medisance, Meprise, Mesalliance, Referent, Correspondenz, Rehabilitation, Reformation, Rabatt, Raccomodation, Rapport, ramassiren, Secession, Selecta [1]).

Aufgabe zu 71. Die vorreformatorische Menschheit und die vorreformatorische Geschichte entstand aus den Trümmern der alten Welt und stand auf ihnen. Die Industrie hat was den Rübenzucker anbetrifft, beinahe das Unmögliche geleistet: anstatt eines nach Rüben schmeckenden schmierigen Zuckers fabricirt man jetzt die schönste Raffinade. Reine mittlere Wirkung zur Vollendung des Guten und Rechten ist sehr selten; doch sehen wir Pedanterie, welche zu retardiren, Frechheit, die zu übereilen strebt. Worte und Bild sind Correlate, die sich immerfort suchen, wie wir an Tropen und Gleichnissen genugsam gewahr werden. Sich im Respect zu erhalten, muß man recht borstig sein: alles jagt man mit Falken, nur nicht das wilde Schwein. Was ich mir gefallen lasse? Zuschlagen muß die Masse, dann ist sie respectabel, urtheilen gelingt ihr miserabel. Lange existiren die guten Dinge, ehe sie Renommee haben, und lange existirt ihr Renommee, wenn sie nicht mehr sind.

72.

a) **Sigel. rect, reg, rig, rog, lect, leg, lig, log, lustr, ject.** Rection, Region, reguliren, dirigiren, Rogate, Lection, Legion, ligiren, Logik, Lustrum, Object [2]).

b) **Log, graph** und **krat** schließen sich als Suffixe an: Zoolog, Anthologie, Lithograph, Geographie, Kalligraphie, Aristokratie, Demokratie, bürokratisch [3]).

c) **Sigel. Biograph, Paragraph, Stenograph** [4]).

d) **Sigel. royal, loyal, local, legitim, legislat:**

Royal, royalistisch, loyal, Loyalität, local, Localität, legitim, Legitimation, Legitimität, legislativ, Legislation, Legislatur [5]).

Aufgabe zu 72. Du bist der beste, weiseste Regent, dein Ruhm ist größer als das Firmament. Ich könnt ferner erzählen, wer die Lection gesungen und wer die Responsen; aber es währte zu lange und ich laß es lieber bewenden. So soll die orthographische Nacht doch endlich auch ihren Tag erfahren; der Freund, der so viele Worte macht, er will an den Buchstaben sparen. Gebraucht der Zeit, sie geht so schnell von hinnen, durch Ordnung lehrt euch Zeit gewinnen; mein theurer Freund, ich rath' euch drum zuerst Collegium logicum. Habt euch vorher wohl präparirt, Paragraphos wohl einstudirt. In den heitern Regionen, wo die heitern Formen wohnen, rauscht des Jammers trüber Sturm nicht mehr. Regel wird alles, und alles wird Wahl und Bedeutung, dieses Dienergefolg' meldet den Herrscher mir an. O, würde, was da lebt und handelt, in eine Papierfabrik verwandelt, und der Vogel, der in den Lüften segelt, nach Theorien des Staats geregelt. Aller Orthographie zum Schrecken wird jetzt der Räthsel verwegenstes laut; muthwillig will es den Leser necken, daß die Kritik ihren Ohren nicht traut. Die Mineralogie ist seit der Zeit, wo sie auf die Zusammensetzung der Mineralien und das Verhältniß ihrer Bestandtheile Rücksicht nahm, zu einer neuen Wissenschaft geworden. Die Mythologie beruht wesentlich auf dem Charakter der Religion als Naturreligion. „Ein neu' Project ward vorgebracht, willst du dich nicht damit befassen?" Habe schon mal bankrott gemacht, nun will ichs andern überlassen. Die Dialectik ist die Ausbildung des Widerspruchsgeistes, welcher dem Menschen gegeben, damit er den Unterschied der Dinge kennen lerne. Jedes Existirende ist ein Analogon alles Existirenden. Was der Maler mit dem Ausdruck „Schweizernatur, italischer Himmel" bezeichnet, gründet sich auf das dunkle Gefühl dieses localen Naturcharakters.

73.

a) **Sigel. Stat, stit, vers, vol, serv, sign, sol, sult:**

Constatiren, Statut, Constitution, Institut, Revers, Volumen, Revolution, serviren, Servitut, signiren, Solution, Sultan [6]).

b) Präfixe **sub, sus, sür, super, supra, syn:** Substanz, successiv, Suffix, suggeriren, Supplement, Surrogat, suspendiren, Souterrain, suspect, Sürtout, Superintendent, Superiorität, Supranaturalist, Synkope, Symbol, syllabiren, System [7]).

Aufgabe zu 73 siehe Seite 47.

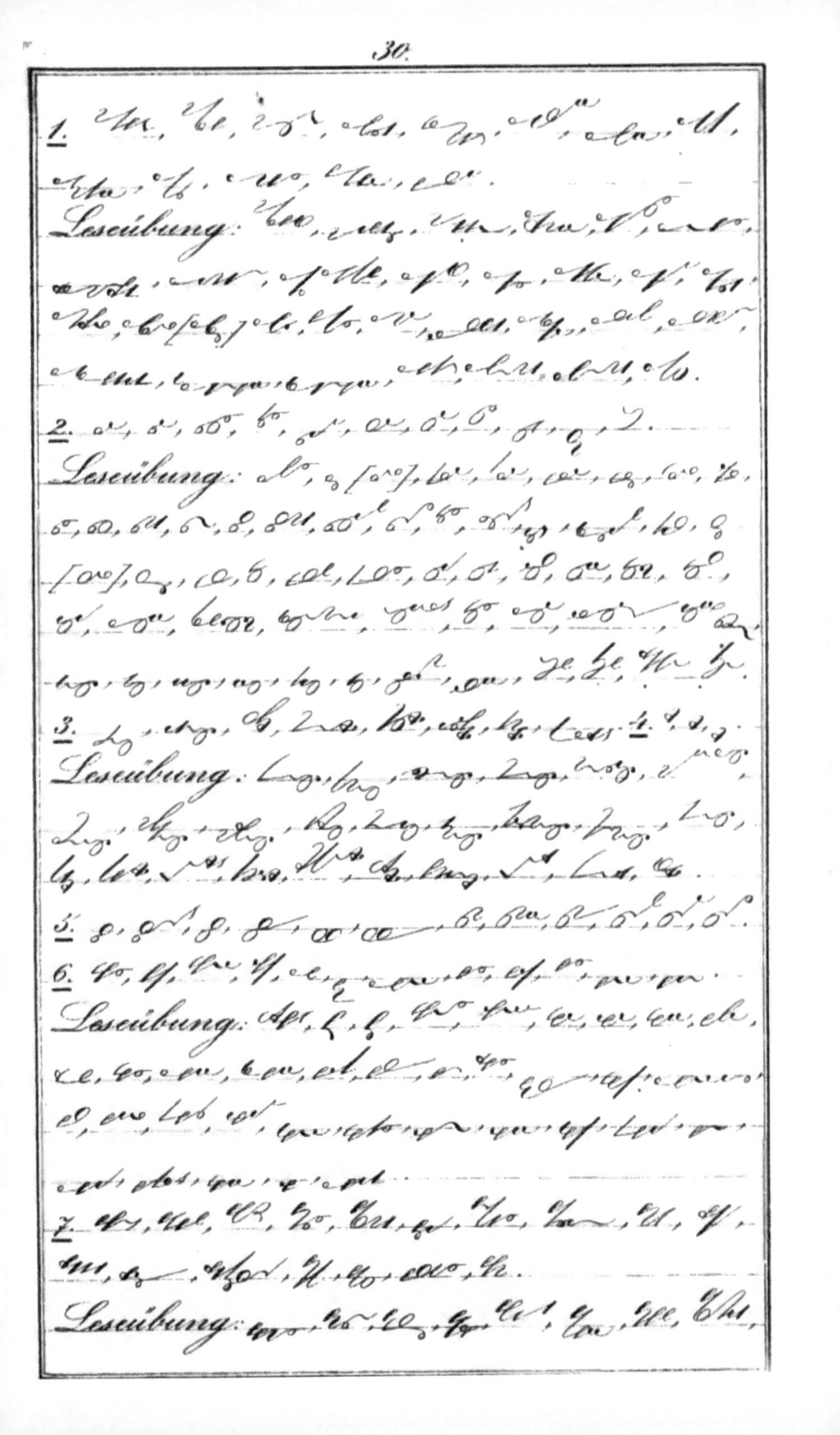

1.

Leseübung:

2.

Leseübung:

3.

4.

Leseübung:

5.

6.

Leseübung:

7.

Leseübung:

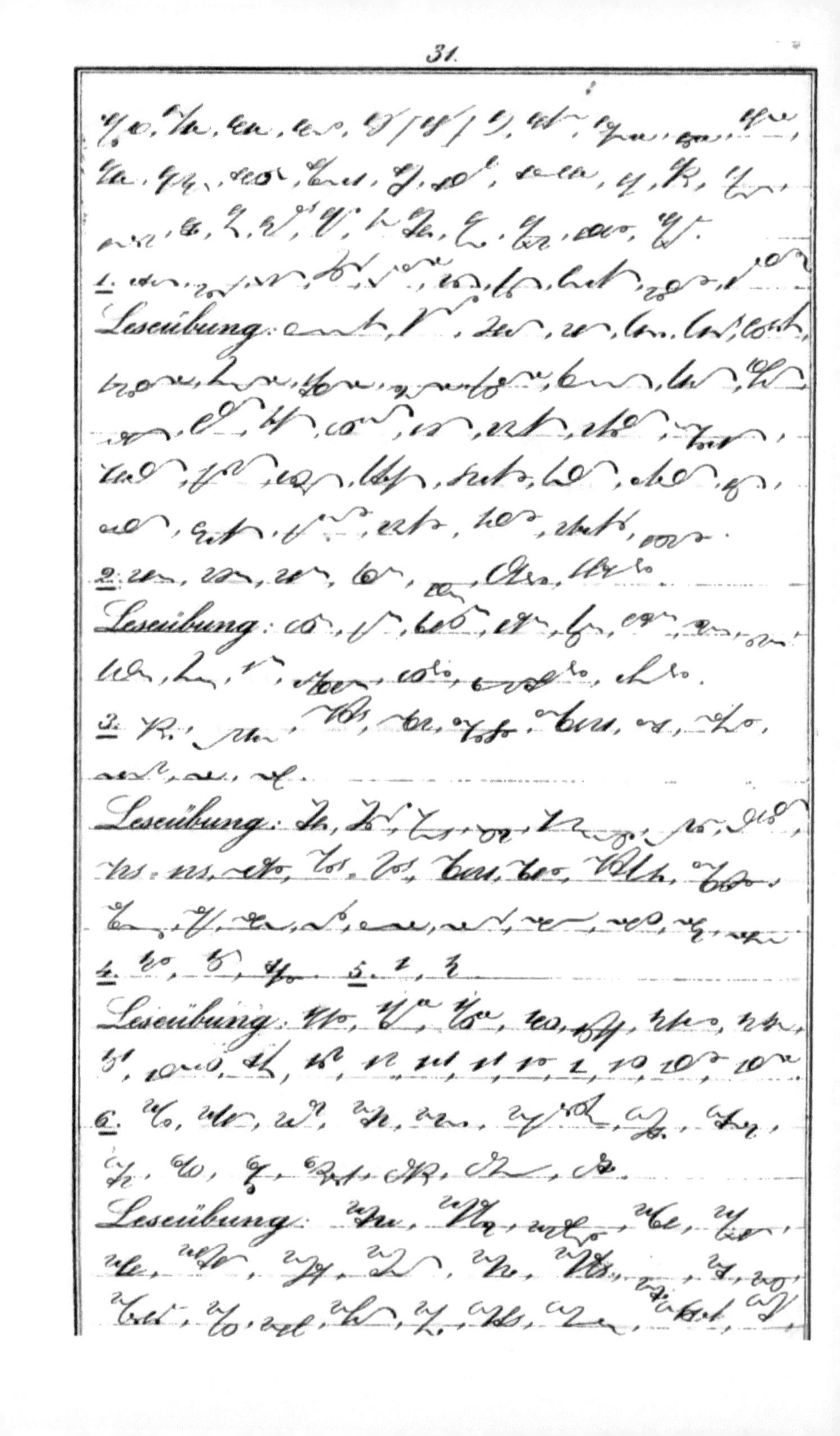

1\.

Leseübung:

2\.

Leseübung:

3\.

Leseübung:

4\. 5\.

Leseübung:

6\.

Leseübung:

74.

a) Suffixe **as, isation, asmus, ismus, isiren**:

Andreas, Morast, Augias, Chiliast, Autorisation, Marasmus, Purismus, Fanatismus, moralisiren, Nationalisirung[1]).

b) Suffixe **enisch, anisch, inisch, onisch, enser**:

Messenisch, mechanisch, messianisch, berlinisch, solonisch, Waldenser, Cistercienser[2]).

Aufgabe zu 74. Ha, welch ein Spiel von Farben, Stein an Stein! Es wechselt hier mit köstlichem Topas Rubin, Smaragd, Saphir und Chrysopras. Ich sag's euch Geistern ins Gesicht, den Geistesdespotismus leid' ich nicht; mein Geist kann ihn nicht exerciren. Dilettantismus, ernstlich behandelt, und Wissenschaft, mechanisch betrieben, werden Pedanterie. Die Meisterschaft gilt oft für Egoismus. Wer uns am strengsten kritisirt? Ein Dilettant, der sich resignirt. Nacht ist's und Stürme sausen für und für, hispanische Mönche, schließt mir auf die Thür. Dort das Gebirg der Abbruzzen und hier die pontinischen Sümpfe führen vom Lande der Kunst nach der Natur Paradies. Nicht aus Marmor thürmt sich der Palast, wo ich möcht' als Bettler stets erscheinen. Alles wiederholt sich nur im Leben, ewig jung nur ist die Phantasie. Das Christenthum ist im eminenten Sinne des Wortes die Religion der gedankenvollsten, höchst organisirten Völkerschaften. Wir können ein Volumen Luft in einen tausendmal kleineren Raum zusammenpressen, und auch feste und flüssige Körper nehmen unter der Gewalt eines mechanischen Druckes einen kleineren Raum ein. Mit dem Verlöschen der Lebensthätigkeit behaupten die organischen Atome ihren Zustand, ihre Formen und Eigenschaften nur in Folge der Trägheit. Der Mysticismus ist die Scholastik des Herzens, die Dialectik des Gefühls. Das Dämonische ist dasjenige, was durch Verstand und Vernunft nicht aufzulösen ist. Der eigentliche Obscurantismus ist nicht, daß man die Ausbreitung des Wahren, Klaren, Nützlichen hindert, sondern daß man das Falsche in Curs bringt.

75.

a) Präfixe **eu, ultra, en (em), ren (rem), entre, un, uni (un** auch Stammsigel):

Eudoxie, ultramontan, encyklisch, Emblem, rencouragiren, Remplacement, Rencontre, entreteniren, unanim, Union, Uniform[3]).

b) Präfixe **inter (intel), intro**:

Intermittiren, Intelligenz, introduciren[4]).

c) **Sigel. Interesse, Individuum**[5]).

Aufgabe zu 75. Mit der Entdeckung von Amerika und seit Auffindung des Seewegs nach Ostindien verschlingen sich die Interessen der Politik, des Handels, der Industrie und Cultur der europäischen Welt mit dem Schicksal aller Länder der Erde. Das Gewissen giebt dem Menschen das Bewußtsein, daß trotz aller Individualität in allen Menschen etwas Gemeinschaftliches lebt. Die scandinavischen Reiche, die durch die kalmarische Union geeint waren, trennten sich wieder. Die Jugend ist vergessen aus getheilten Interessen; das Alter ist vergessen aus Mangel an Interessen. Das Beste, das wir von der Geschichte haben, ist der Enthusiasmus, den sie erregt. Greift nur hinein ins volle Menschenleben! Ein jeder lebt's, nicht vielen ist's bekannt, und wo ihr's packt, da ist's interessant. Zu allen Zeiten sind es nur die Individuen, welche für die Menschheit gewirkt, nicht das Zeitalter. Es gibt eine enthusiastische Reflexion, die von dem größten Werthe ist, wenn man sich von ihr nur nicht hinreißen läßt. Ein Lehrer auf Schulen und Universitäten kann keine Individuen erziehen, er zieht blos Gattungen. Der Weltkörper gleicht der Idee, deren Abdruck er ist, darin, daß er wie diese productiv ist und alle Formen des Universum aus sich hervorbringt.

76.

a) Präfixe **meta, mono, hypo, hyper, hetero**:

Metapher, Metabasis, Metacentrum, Monogramm, Monomanie, Monocotyledonen, Hypochondrie, Hypocranium, Hypodrom, Hyperbel, Hypercultur, Hyperoxyd, heterodox, Heterogenität, Heterographie[6]).

b) **Sigel. Harmon, herm, histor, honor, hum, human:**
Harmoniren, hermetisch, historisch, Honorar, Humor, human[1]).

Aufgabe zu 76. Die echte Conversation hält weder früh noch abends Stich: in der Jugend sind wir monoton, im Alter wiederholt man sich. Der Hypochonder ist bald curirt, wenn euch das Leben recht cujonirt. Mein Ohr umtönt ein Harmonienfluß, der Springquell fällt mit angenehmem Rauschen, die Blume neigt sich bei des Westes Kuß, und alle Wesen seh ich Wonne lauschen. Wer hat Metaphysik studirt, der weiß, daß was verbrennt, nicht friert, weiß, daß das Nasse feuchtet und daß das Helle leuchtet. Was Großes und Dummes auch je geschah, das nennt man Welthistoria. Die Sentimentalität der Engländer ist humoristisch und zart, der Franzosen populär und weinerlich, der Deutschen naiv und realistisch. Die Pflicht des Historikers ist zwiefach: erst gegen sich selbst, dann gegen den Leser; bei sich selbst muß er genau prüfen, was wohl geschehen sein könnte, und um des Lesers willen muß er festsetzen, was geschehen sei. Bedenkt, wie viel er zu bekämpfen hat, den diese Zeit, die disharmonische, für das harmonische Geschäft erzog. Der Humor ist eins der Elemente des Genies, aber sobald er vorwaltet, nur ein Surrogat desselben. Es gibt Hypothesen, wo Verstand und Einbildungskraft sich an die Stelle der Idee setzen. Hypothesen sind Wiegenlieder, womit der Lehrer seine Schüler einlullt. Scherz im Schmerz, das giebt Humor. Wer hienieden wie ein Genius denkt und wirkt, der humanisirt; Licht ist sein Anblick, Segen seine Spur.

77.

a) **Sigel. German, genus, gouvern, gymn, grammat:**
Germanen, germanisch, Genus, Genera, generell, General, gouverniren, gymnisch, Grammatik[2]).

b) **Sigel. Kathol, evangel:** katholisch, Katholicismus, evangelisch[3]).

Aufgabe zu 77. Die Evangelischen konnten die Reformirten in ihren Bund nicht einschließen, ohne ihr Gewissen zu beschweren; die Katholiken bewachten mit Blicken voll Argwohn die Union, die Union hütete eben so mißtrauisch die Katholiken und den Kaiser. Um den Scepter Germaniens stritt mit Ludwig dem Baier Friedrich aus Habsburgs Stamm, beide gerufen zum Thron. Die wichtigsten der römischen Schuldisciplinen waren Grammatik und Rhetorik. Jede große Idee, die als Evangelium in die Welt eintritt, wird dem stockenden Volke ein Aergerniß und einem viel aber leichtgebildeten eine Thorheit. Der wird währen am längsten von allen germanischen Dichtern, der des germanischen Volks Weisen am besten verstand.

78.

Präfixe. Biblio, philo (phil), physio, amphi:
Bibliognost, Bibliograph, Philosophie, Philantrop, Physiognom, Physiologie, Amphitheater[4]). **Aufgabe zu 78** siehe Seite 48.

79.

a) **Sigel. Test, termin, thek, Triumph:**
Testiren, Testament, Testimonium, Protestant, Termin, Bibliothek, Triumph[5]).

b) **Sigel. scrib (script):** Conscribiren, Conscription[6]).

c) **Präfixe. Trans (tra), post:**
Transport, transact, trajiciren, extradiren, postnumeriren[7]).

Aufgabe zu 79 siehe Seite 48.

80. Die Zahlzeichen

werden als solche durch einen übergesetzten wagerechten Strich kenntlich gemacht (siehe Tafel 32[8]). Mehrziffrige Zahlen bestehen aus einem Schriftzuge[9]).

Bei Brüchen fällt der Bruchstrich fort. $^1/_2$ $^7/_{20}$ $^{13}/_{59}$ $^{806}/_{1468}$ [10]).

In großen runden Zahlen wird die Anzahl der Nullen durch eine oben hingesetzte kleine Ziffer bezeichnet. 1,200,000, 48,000, 170,000,000[11]).

1.

Leseübung:

2.

3.

Leseübung:

4.

Leseübung:

5.

Leseübung:

6. Leseübung:

7.

Leseübung:

8.

1 2 3 4 5 6 7 8 9 0. 9. 10.

11.

1. **Schmelzlaute:**

l, r, m, n, ng

Starrlaute:

Hauchl.	sanft	w	s		j	h
	scharf	ph (*)	ß	sch	ch	
Schlussl.	sanft	b	d		g	
	scharf	p	t		k	

*) Modificirtes Zeichen: f, v.

Zusamenges. Laute: mp, sp, st, z, pf, nsch

Fremde Laute: y, x, c, th, q, j [ge]

2. th c z ch j ch ph w h p b c k g

ß s o mp sp m sch ng n

3.

4. i [ie], ai, a, ä, e, ei, u, ü, o, ö, au, äu, eu

5. 6. 7.

8.

9.

10.

liefern vielen Vögeln Futter. Die vorgerückten Feinde ließen meine Vorräthe unberührt, die dann später nachrückende aber ganz vergnügt mit fortnahmen. Die hervorragenden Riffe verleideten meinen Arbeitern die Arbeit. Die Vordertheile fielen nieder.

Aufgabe zu 20. Die reinen Hemden gehören mir. Morgen Abend kommt Karl. Die Pilger fanden nirgend Ruhe. Kennt niemand die fünf Hauptstücke? Meine Stulpenstiefel sind bestäubt. Die Söldner nahmen mein Geld nicht. Mein Gold nahmen mir die Räuber nicht ab. Die Baumrinde nennt man Borke. Herrschsucht wird nirgend gern gesehen. Hans half gestern Korn mähen. Morgen wird nirgend Hafer gefahren. Die Hamster vertilgen heuer viel Roggen. Milde Gabe lohnet Gott. Halte dein Gelübde. Scharfe Lauge gibt gute Seife. Beherrsche deine Begierden. Da starben viele Menschen. Vier Scheffel Kalk genügen. Gepulverter Gips düngt gut. Gib mir die Mörserkeule her. Die Bauern bestellten die Felder später. Deine hübschen Vögel singen gar nicht. Diebe stahlen mir viele Perlen. Fürsten halten Heere. Die Burschen ließen niemanden ungeschoren gehen. Folge Gott! Heute roth, morgen todt. Meine Mutter verkaufte heute neun fette Gänse. Die Förster hörten die Hunde heulen. Hundert Garben lieferten fünf Himpten Korn.

Aufgabe zu 25 a—d). Bezähme deine Begierden. Der Zänker wird unsre wohlmeinendsten Absichten leicht mißverstehen. Wer Zank liebt, liebt Sünde. Viel Zechen, viel Gasten, leert Beutel, leert Kasten. Der Geiz macht sich die Höllenfahrt sauer. Tanzgelage sind des Teufels Feiertage. Viele Schätze, viele Netze. Die Disteln, die Dornen stechen sehr, falsche Zungen noch viel mehr. Guter Schütze schießt nie fehl. Belache nicht jeden Witz. Benutze deine Jugend recht. Dein Zeug sitzt nicht gut. Der Regen benetzt die Staat. Dieser Pfahl stützt den reichbeladenen Baum. Seufzt nicht, Kinder, Gott wird uns schon helfen. Das abgehetzte Wild fingen die Hunde bald. Sie heizten heute, wir heizten schon gestern. Die Männer setzten sich nieder, die Kinder setzten sich später. Neunzig Jahre, Kinderspott. Gestern Abend entwurzelte der Sturm manche Bäume, welche schon funfzig Jahre den Unwettern widerstanden. Der Hofschulze setzte seine Absicht durch, wenn schon die Bauern Widerstand leisteten.

Aufgabe zu 25 e). Kommt Zeit, kommt Rath. Hin geht die Zeit, her kommt der Tod. Gott zieht jeden, welcher will. Bezahle mir, was du mir schuldest. Die Hochzeitsgäste kommen spät. Solches Benehmen geziemt dir nicht. Dieser Zug des Kindes gefällt mir sehr. Wenn man die Güte Gottes zählen will, so verzählt man sich leicht. Jetzt höre ich zu, beginne deine Geschichte. Zähle dies rasch zusammen. Mehrere der Schützen schossen zugleich. Jener Nachricht zufolge wird Dienstag das Heer abziehen. Zufolge höherer Befehle sind die Wälle niedergerissen. Die Russen verließen zuletzt die Stadt. Handelst du den Geboten Gottes zuwider, so thust du Sünde. Unsre Reiter litten während des Gefechts ungemein, zumal da das Fußvolk des feuchten Bodens wegen nicht rasch genug nachrückte. Die dem Walde zunächst stehenden Schützen deckten unsern Rückzug. Unsre Scharfschützen gingen zurück. Die während der finstern Nacht kommenden Nachzügler fanden sich nicht zurecht, doch entkamen sie, da der Vormarsch des Feindes sich verzögerte. Handle nie den Gesetzen Gottes zuwider, sonst weisen dich die Gesetze der Menschen zurecht. Zunächst schulde ich dir Dank. Jedweder zieht das Leben dem Tode vor. Herr, gib deinen Segen zu des guten Werks Gedeihen.

Aufgabe zu 25 f—i). Hier spielt wohl der Zufall seine Rolle. Die Zugänge sind versperrt. Wenn du meinen Wünschen zuwiderhandelst, so wirst du gerechtem Tadel nicht entgehen. Das Zusammenbinden der Hefte nahm viel Zeit weg. Willst du das Geschirr zurücksetzen? Ich bin schon heute Morgen zurückgekehrt. Die Zusammenkunft wird morgen stattfinden. Zureden hilft. Die herzukommenden Menschen wagten nicht, sich zu nähern. Dieser Milch wird man noch Wasser hinzusetzen. Das Zerwürfniß wird nicht lange dauern. Viele dieser Stoffe wird die Säure zersetzen. Heute sah ich manche zerfetzte Fahne. Willst du den Zucker nicht lieber zerreiben? Dieser Unfall scheint dir nahe zu gehen. Um der Gefahr zu entgehen, versteckten wir uns. Bald begann sichs rings zu regen. Um deinen Wünschen nachzukommen, entfernte ich mich. Ich versuchte wegzulaufen. Die nachzusehenden Hefte liegen dort.

Muthe mir nicht zu, hier noch länger zuzusehen; das Stück währte mir schon viel zu lange. Die Gurken sind zu scharf gesalzen. Vergiß nicht, mir das Buch morgen wieder zuzustellen. Nächsten Donnerstag denke ichs zurückzuschicken. Du forderst zu viel. Wie den Dieben das Licht, so sind der Welt die Gerechten zuwider. Wenn wir die Zukunft wüßten, so fehlten wir seltener. Segne den Tag, der dir nichts zu bereuen zurückließ.

Aufgabe zu 31. Die Schnitter schliffen die stumpfen Sensen. Böse Knaben stahlen mir meine besten Trauben. Ungeschliffen schneidet nicht. Gott, deiner Gnade verdanke ich, daß ich noch lebe. Das Vergnügen, das du uns bereitest, ließ uns die ganze Nacht nicht schlafen. Wie der Herr, so der Knecht. Wenn du mich so schnöde behandelst, bleibe ich dein Freund nicht länger. Der Herr hieß mich mein Bündel schnüren. Ich glaube, diesen Knoten wird niemand lösen. Beißenden Hunden hängt man Knüppel um. Knittelverse sind nicht so leicht zu machen, wie man glaubt. Die flinken Knaben entsprangen den Knechten wieder.

Aufgabe zu 32. Wohlschmack bringt Bettelsack. Unversucht schmeckt nicht. Verschmähst du diesen leckeren Bissen? Frisch geschmückt prangt der Wiesenplan. Dies Unglück schmerzt mich tief. Dem schmollenden Freunde bot ich die versöhnende Hand. Solche Schmach zu sehen, dacht ich nicht. Kupfer wird getrieben, nicht geschmiedet. Die glänzenden Steine verleihen dem Geschmeide hohen Werth. Seine abgeschmackten Reden verleideten jedem seine Nähe. Diesen grellen Farben weiß ich keinen Geschmack abzugewinnen.

Aufgabe zu 33. Zwang währt nicht lang. Schweigen verräth niemand. Je höher der Baum, je schwerer der Fall. Man thut geschwind, was lange gereut. Lauterem Brunnen entquillt lauteres Wasser. Zwanzig Schwerter entfliegen zugleich den Scheiden. Da der Durst uns ungemein quälte, versuchten wir, die uns bekannte Quelle zu finden; zwar gelang uns dies trotz der dunklen Nacht, doch wer beschreibt unsren Schrecken, als wir dieselbe versiegt fanden. Deine Brüder bequemten sich später, meinem Vorschlage gemäß das Drittel der geforderten Summe zu zahlen. Um des hohen Zwecks willen wünschte man, daß ich mich jeden Widerspruchs enthielte. Hoch schwören zeigt tiefes Lügen. Lange, schwere Jahre wüthete der Krieg, bis der Zwiespalt ganz gehoben. Diese schwierige Frage wird nicht leicht jemand lösen. Das Zwielicht des Frühmorgens beschränkte meinen Blick so, daß ich schwach beleuchtete, ferne Gegenstände nicht bemerkte. Diese Thatsachen schwächten seine Beweisgründe bedeutend ab. Die Kriege der Jetztzeit verschlingen nicht mehr so viele Menschen, als die längst entschwundener Tage. Die Thräne quillt blos selbst verschuldeten Fehlern. Wer Thiere quält, schmäht Gott. Je höher gestiegen, je schwerer der Fall. Ich dachte des Glanzes entschwundener Tage. Schweißtropfen bedecken seine Stirn, Klagetöne entwanden sich seiner Brust. Ruhe entquillt dem Glauben. Stillstehendem Wasser, sowie schweigenden Menschen bist du nicht gezwungen, Vertrauen entgegenzutragen. Bezwinge sich, wer meinen Schmerz gefühlt. Tragen hilft dir der Herr die schwer dich drückende Bürde. Wer nicht die Stunden berechnet, verschwendet Tage, ja Wochen.

Aufgabe zu 34. Der Rhein, Deutschlands Strom, nicht Deutschlands Grenze. Whigs nennen die Briten die Volksfreunde. Kennst du das Kartenspiel, genannt Whist? Vergangene Woche verließen siebzehn Schiffe unsere Rhede. Weißt du, was Rhomben sind? Lieder, welche Gottes Lob singen, nennt man Psalmen. Das Buch, welches die Psalmen enthält, heißt Psalter. Das Getraidemaß der Russen heißt Czetver. Twist bezeichnet verschiedene Gegenstände: Flechten, Garne, Getränke.

Aufgabe zu 35 f) und g). Zwei harte Steine mahlen| selten kleine. Kennst du Schillers Gedicht: „Die drei Worte des Glaubens?" Deiner geschickten Beihülfe verdankten wir das Gelingen unseres Plans. Sobald wir beisammen sind, wird der Vortrag des Redners beginnen. Wir widmeten beinahe unsre ganze freie Zeit dieser schwierigen Arbeit. Du wirst mir deinen Beistand nicht versagen, zumal dringende Gründe, denen du beistimmen wirst, deine Gegenwart fordern. Bei des Heftes genauer Durchsicht fand ich den Fehler, den du beim vielleicht zu raschen Vergleichen der vorliegenden Schriftstücke nicht bemerktest.

Aufgabe zu 36. Wenn du jetzt noch dieses Princip befolgst, verabscheue ich dich. Der erlenumsäumte Bach durchschlich die öde Haide. Als der Krieg beendet, der Friede geschlossen, bekamen wir Urlaub; etliche Truppentheile aber blieben gerüstet zurück. Der Ernst des Lebens machte sein Recht geltend. Als die schönen Ufer des Rheins uns wieder zusammenführten, versöhnten wir Erzfeinde uns wieder. Frei wie der Flug des Aars entstieg das Lied unserer Brust. Die Sense klang, die stolzen Aehren sanken. Das heisere Geschrei der Eule durchzitterte die Luft. Mensch, bedenke das Ende. Um des edlen Zweckes willen wirst du das Ehrenamt nicht ablehnen. Ino's Gesetze sind Rechtsbücher der Angelsachsen. Ino, Isto heißen zwei Nachkommen des Urahns des deutschen Volks. Die Römer besiegten die Icener. Die Eiche bricht, das Rohr krümmt sich. Wer sich heute nicht bessert, wird morgen ärger. Wenn das Auge nicht sehen will, helfen weder Licht noch Brill. Die Niederlage seines Vetters Oamer brachte neues Unheil. Wie Aeolsharfenton klangs, bald nah, bald fern. Ehre, dem Ehre gebühret. Oft verliert man, wo man zu gewinnen glaubt. Opfere Gott Dank. Etliche Tage genügten mir, das Werk zu beenden; wenn sich irgendwo noch Lücken finden, so wird sie dein Bruder schon bemerken. Irrende Hirten, irrende Herden.

Aufgabe zu 37. Gott erfüllt selbst das, was Kinder stammelnd bitten. Die hohen Feste, zum Beispiel Ostern und Pfingsten, feiern wir mehrere Tage. Komm morgen, oder wenn du es vorziehst, übermorgen, und ich will dir helfen, so viel meine Zeit es erlaubt. Dieser Zustand wird nicht ewig währen, ermanne dich, er wird vorübergehen, noch ehe du es denkst. Solch üppige Saaten, wie eure Felder dies Jahr tragen, sah ich lange nicht. Obs draußen regnet, stürmt und schneit, mich schützt das Vaterhaus. Dein Inneres wird dir selbst sagen, ob ich recht oder unrecht dich dieses Vergehens zeihe. Solcher Uebermacht sind wir nicht gewachsen, es bleibt uns nichts über, als Gott unser Schicksal anheimzustellen. Wenn man uns nichts ließe: das Obdach, das uns der freie Himmel bietet, wird niemand uns rauben. Beurtheile mich nicht verkehrt, ich erwog wohl das Aufsehen, das mein Angriff verursachte. Noch ehe der Schwede kam, eroberte Tilly Magdeburg. Auch dem Feinde halte dein Versprechen. Der Oberst theilte dem Oberjäger seine Befehle mit. Während ich mich oben befand, ritt der Fürst auf reich geschmücktem Pferde den Truppen entgegen. Triest wird nicht lange der Wohnort eures Vetters bleiben: er denkt dort blos vorübergehend Aufenthalt zu nehmen und in sehr kurzer Zeit zurückzukehren. Der Oberverwalter wird an eures Vaters Stelle die Geschäfte besorgen. Am schwach bewölkten Himmel ging hell leuchtend der Mond auf. Wir freuten uns, wie die Kinder aufs nah bevorstehende Fest. Die Umherstehenden sangen die schöne Ode Klopstocks „Auferstehn, ja auferstehn" u. s. w., und überm noch offenen Grabe gaben die anwesenden Truppen die Ehrensalven. Hinausblickend sah ich Minna oben winken. Ich erlag der schweren Arbeit und warf mich ermattet aufs ganz durchregnete Heu. Innerhalb mehrerer Jahre erhielt ich keine Nachricht, obgleich ich kein Mittel unversucht ließ. In seines Vaters Garten stieg das Wasser hoch übern nahe dem Ufer stehenden Zaun. Da er meinen letzten Brief unerwidert ließ, hielt ich mich auch nicht länger mehr verpflichtet, das mir anvertraute Geheimniß zu bewahren und übergab dem Statsanwalt die ganze Sache. Wen Gott naß macht, den macht er auch wieder trocken. Wo der Teufel das Kreuz voranträgt, da gehe nicht nach; er macht anfangs stark und hinterdrein verzagt. Uebermuth thut selten gut. Werft euer Vertrauen nicht weg. Segnet, die euch fluchen. Prüfe den Inhalt, ehe du urtheilst. Hans Gutgenug, der faule Knecht, macht seine Sache halb und schlecht.

Aufgabe zu 39 a). Unter wessen Flügel du ruhst, den ehre. Nichts theilen wir lieber mit als Rath. Der alte Gott lebt noch. Die Seele erzeugt unsre Gedanken, das Wort gibt ihnen Leben. Oft machten uns unsre schönsten Thaten erröthen, wenn die Welt ihre Beweggründe wüßte. Selbst schweigend sagt mancher mehr, als andere redend. Mensch, mache dich verdient um andrer Wohlergehn. So heilt des Schneiders kluge Hand ein Uebel, das kein Arzt gekannt. Freund, wer ein Laster liebt, der liebt die Laster alle. Dem gehört der Vogel nicht, der ihn schießt, sondern dem, der ihn ißt. Junge Spieler, alte Bettler. Das gute Schaf blökt nicht nicht viel, sondern gibt viel Wolle. Aller guten Dinge sind drei. Eine Hand wäscht die andere. Eine schlechte Maus, die nur ein Loch weiß. Ein Esel schimpft den andern: Langohr. Wenn eine Gans trinkt, trinken alle. Kleine Vögel legen während ihrer Legezeit jeden Tag, gewöhnlich morgens ein Ei. Es wird dir nichts Uebles begegnen und keine Plage sich deiner Hütte nahn. Gott schlug nie einen Schlag, er salbte ihn wieder. Wenn Gott ein Land segnen will, so gibt er ihm einen weisen Fürsten und einen langen Frieden. Wenns Krieg gibt, macht der Teufel die Hölle weiter. Bet und arbeit, so hilft Gott allezeit. Wenn dem Teufel der Dienst gethan, wird ihm der Knecht unwerth. Jung gewohnt, alt gethan, so hebt das Recht' und Schlechte an. Die Menschen sind Laban's Art: der blieb auch nicht wie gestern und ehgestern. Ein voller Krug läuft leicht über. Dem Herrn allein die Ehre. Allenthalben gedenke der Nähe Gottes. Kinder, liebet einander. Acht und Aberacht sind sechszehn, sagten die Hildesheimer, als man sie ächtete. Wer das Wort verachtet, der verdirbt sich selbst, wer aber das Gebot fürchtet, dem wird es vergolten. Gottes Güte reicht so weit wie der Himmel. Ziehe dich nicht aus, ehe du dich schlafen legst. Den Mund voll Sprüche, das Herz voll Flüche. Ein gutes Wort richtet mehr aus als ein Haufen Landsknechte. Er aber entäußerte sich selbst und nahm Knechtsgestalt an. Wo Uebermuth aufgeht, geht Glück unter. Kaum gedacht, kaum gedacht, wird der Lust ein End gemacht. Frage nicht, was andere machen; beachte stets deine eignen Sachen. Wer dem andern den guten Namen raubt, macht ihn arm und sich nicht reich. Sehet, welch ein Mensch. Gehorchet euren Eltern und folget ihnen. Willst du immer weiter schweifen? sieh das Gute liegt so nah. Gott rechnet anders als die Menschen. Gott, führe mich ebene Bahn. Ungeduld verschlimmert das Uebel. Außer Gottes Schutz bist du nirgend sicher. Was für eine That du aber auch begangen, Gott wird dich belohnen oder strafen. Blos deswegen, weil du so handeltest, verachte ich dich. Die Verläumder gleichen Schlangen, außen sind sie schön, innen Galle. Anderthalb Gulden sind gleich einem Thaler. Ohne des Herrn Willen geschieht nichts. Ein echter Edelstein braucht keine Folie. Gib dem empörten Volke sein Recht, und es wird schweigen. Es geschah etwas, weswegen wir uns entzweiten, aber ich erinnere mich nicht mehr, was. Zwischen eng aneinander gerückten Felswänden brausten die empörten Wogen. Gott grüß euch, Alter, schmeckt das Pfeifchen? Er zählt die Häupter seiner Lieben, und sieh, ihm fehlt kein theures Haupt. Wirfst du den Stein, bedenke wohl, wie weit ihn deine Hand wird treiben.

Aufgabe zu 39 b) und c). Aushorcher und Angeber sind des Teufels Netzeweber. Eintracht trägt ein. Die Eintracht baut das Haus, die Zwietracht reißt es nieder. Wie die Aussaat, so die Ernte. O, daß dich nie der Außenschein verblende, ein weißer Handschuh deckt oft schwarze Hände. Die vielen Zwischensätze verunzieren deinen Stil. Während der Zwischenacte fällt der Vorhang. Wo Wein eingeht, geht Scham aus. Lust und Liebe macht das Vollbringen auch der schwersten Arbeit leicht. Vollende den Zwischensatz, ehe du den Hauptsatz weiter führst. Manche hebt das Glück rasch empor, doch um so rascher sie emporgestiegen, um so rascher fallen sie oft wieder. Ein kleiner Handel gewährt ihnen und ihren alten Eltern den Lebensunterhalt. Diese Art Pflüge durchwühlt den ganzen Untergrund und lockert die Ackerkrume vollkommen. Außerhalb der Außenwerke herrschte ein buntes Treiben. Wenn der Mond untergeht, hebt die Sonne an, aufzugehen. Gottlos, lieblos. Voll Ruhe, doch wie freudenlos durchschweift ich West und Ost, den namenlosen Gluthen folgt ein namenloser Frost.

Aufgabe zu 40. Es geht dich an, wenn des Nachbars Haus brennt. Heimatland, schönstes Land. Des Herrn Wege sind wunderbar. Trübsal und Brennnesseln wachsen allenthalben. Die Botschaft hör ich wohl, allein mir fehlt der Glaube. Die Einfalt wird stets betrogen. Wenn du so fortfährst, bist du unrettbar verloren. Offenbare nicht anvertraute Geheimnisse. Viele Fürsten sind Pfleger der Wissenschaften. Hasen sind furchtsame Thiere. Leutseliges Benehmen macht Freunde. Kennst du das Himmelfahrtslied: „Heute fährt mein Heiland auf"? Schon entgegen ruft mir helle meiner Heimat Glockenklang.

Aufgabe zu 41 a—d). Es fühlt oft selbst ein Schelm den Werth der Redlichkeit. Lauter Honig verdirbt den Magen. Verweichlichung schadet immer. Daß viele irre gehen, macht den Weg nicht richtig. Was hilft es, daß ich viel studirt und that doch nicht, was sich gebührt. Gottes Uhr stellen die Menschen nicht, aber sie geht richtig. Einigkeit macht stark. Tröstliche Worte sind des Gemüths Speise. Selig sind die Friedfertigen. Besser ehrlich geflohen, als schändlich gefochten. Fliegt die Taube zu weit, so holt sie zuletzt der Habicht. Gemach wird das Kleine groß und jählings das Große klein. Ein Pfennniglicht vertreibt den Nebel nicht. Erschrecklich dem Feinde, holdselig dem Freunde. Gerechtigkeit erhöhet ein Volk. Gedächtniß des Todes sündigt nicht. Was Gott gereinigt, mache du nicht gemein. Herrlich, etwas dunkel zwar, aber's klingt doch wunderbar. Fromm umfasse das Wort: Hunger wird Sättigung finden. Alles wahrhaftige Leben entquillet der Quelle des Lebens. Saul, der Sohn Kis, ging aus, seines Vaters Eselinnen zu suchen und fand ein Königreich. Gerechtigkeit heißt der kunstreiche Bau des Himmelsgewölbes. Kupfer und Zink zusammengeschmolzen, gibt Messing. Die Herrlichkeit der Welt vergeht. Irdisches Glück währt nicht ewig. Geharnischte Reiter sieht man jetzt selten. Der Hungrige und der Satte singen schlecht zusammen. Eine häßliche Ausrede, zu sagen: Ich dachte nicht. Wer zählt die Völker, nennt die Namen, die gastlich hier zusammen kamen. Alle Streiche sind verloren, den Felsenharnisch zu durchbohren. Ein ehrlicher Dieb, wer ablernt.

Aufgabe zu 41 e). Du bist nie weniger allein, denn allein. Freilich, wenn man so niedrig denkt, wird man wenig thun, die Sache zu fördern. Hauptsächlich sein Widerspruch regte mich so auf, daß ich wirklich nicht mehr aus noch ein wußte. Um gute Erfolge zu erzielen, pflegte man gemeiniglich außerordentliche Festlichkeiten abzuwarten. Die hiesigen Blätter erscheinen schon weit früher als die eurigen, du wirst folglich besser thun, wenn du die Anzeige hier machst. Jeglicher nehme sein selbst wahr. Wir heucheln gern solche Fehler, welche unsern wirklichen Fehlern entgegen sind: sind wir furchtsam und schwach, so lieben wir starrköpfig zu scheinen.

Aufgabe zu 42. Der Mensch hofft immer das Gute, aber wer rechnet wohl auf der Hoffnung Versprechungen? Sind sie doch unsrer eignen Wünsche Widerhall und die Hoffnung wir selbst. Die Erziehung erweckt, ermuntert und bildet die Kräfte und Fähigkeiten, aber neue schafft sie nicht. Die Entfernung vermindert die schwache Leidenschaft, die starke aber regt sie an, so wie der Wind das Lämpchen auslöscht, die Fackel aber entflammt. So that der Geist des Widerspruchs mehr Wirkung, als die Kraft des heftigsten Geruchs. Halb gefunden, halb gestohlen, bleibt ihre Nahrung unverhohlen. Das Schweigen der Völker, die Belehrung der Könige. Ein geiziger Bauer häufte viel Getraide und erwartete nichts so sehnlich als eine Theurung. Armuth und Reichthum gib mir nicht. Aus zu theuer erworbener Freude erwächst schnell Wermuth. Verläumdung lebt nicht lange. Gottes Rechnung fehlet nicht. Großer Reichthum hilft dir nicht, wenn nicht Gott den Segen spricht. Der angeborenen Farbe der Entschließung wird des Gedankens Bläſſe angekränkelt. Die Sittenverwilderung nahm mehr und mehr überhand. Der Hauseigenthümer kündigte mir heute die Wohnung. Die ganze Anordnung erregt die allgemeinste Bewunderung. Die Ausfertigung des Vertrages wird später erfolgen. Die Welt wird alt und wieder jung, doch der Mensch hofft immer Verbesserung.

Aufgabe zu 43. Auch honette Menschen sind nur übertünchte Gräber. Rückerts geharnischte Sonette verfehlten ihrer Zeit ihre Wirkung nicht. Sein bedeutendes Talent erwarb ihm viel Freunde. Die Cevennen durchziehen und die Vogesen begrenzen Frankreich. Guter Bankettirer, großer Bankerottirer. Vier Elemente innig gesellt, bilden das Leben, bauen die Welt. Franz Xaver Gabelsberger, der Vorgänger Stolze's, starb Anfang des Jahres eintausend achthundert neunundvierzig. Odoaker, der Sohn Edeko's, belagerte Pavia, den einzigen Ort, wo sich Orestes noch hielt.

Aufgabe zu 44. Der ehrliche Mann liebt die Wahrheit. Sicherheit, des Unglücks erste Ursache. Gelegenheit macht Diebe. Kleines Fünklein giebt oft großes Feuer. Eh man nur ein Wörtlein spricht, weiß Gott schon, was uns gebricht. Der Lügner trägt des Teufels Liverei. Blücher sagt: Meine Verwegenheit, Gneisenau's Besonnenheit und Gottes Barmherzigkeit halfen mir. Heilige Einsamkeit. Wahrheit geberdet sich so stürmisch nicht. Arzneien finds, nicht Gift, was ich dir reiche. Die Freiheitskriege sind ein herrliches Denkmal deutscher Kraft und deutschen Opfermuths. Seine Eigenheiten kommen mir vor wie die Albernheiten. Das bessere Theil der Tapferkeit heißt Vorsicht. Meisenheim. Hildesheim.

Aufgabe zu 45. Zankende Eheleute bauen sich täglich die Hölle. Eine schlechte Entschuldigung: Ihm schadets nicht, und mir wirds helfen. Dem fleißigen Hamster schadet der Winter nichts. Einen zeitigen Dieb erläuft ein hinkender Scherge. Wend' ab all' andre Schrecken, die Feindes Bosheit will erwecken. O Ewigkeit, o Ewigkeit —, wie lang bist du, o Ewigkeit. Willkür nicht, nur Weisheit bestimmt das Schicksal der

Menschen. Böse Gesellschaft verdirbt gute Sitten. Wer langsam geht, kommt langsam fort. Nur der Starke wird das Schicksal zwingen, wenn der Schwächling niedersinkt. Unseren Lieben theilen wir gern die Glückseligkeit unseres Herzens mit.

Aufgabe zu 46 a). Was sich nie und nirgend hat begeben, das allein veraltet nie. Er hat der Lämmer keins verloren, so oft er auch den Weg vollbracht. Wir leben, unser sind die Stunden, und der Lebende hat recht. Großes Glück will starke Beine haben. Genieße, was dir Gott beschieden, entbehre gern, was du nicht hast; ein jeder Stand hat seinen Frieden, ein jeder Stand hat seine Last. Es gibt zwei Vögel, sie sind bekannt, sie heißen Habich und Hättich. Habet die Brüder lieb. Wenn ich euren Rathschlägen Folge geleistet hätte, so hättet ihr wenigstens keinen Grund gehabt, mir Vorwürfe zu machen; nun mein Plan aber keinen Erfolg gehabt hat und ich meine ganze Habe verloren, tadelt ihr mich stets. So viel Aussicht ich auch zu haben meinte, diese Stelle zu erhalten, so hat doch ein einziger unerwarteter Umstand mir jede Hoffnung geraubt. Du hättest klüger gethan, wenn du geschwiegen hättest. Ich glaube keine fröhlichere Stunde gehabt zu haben, als die unseres Wiedersehens.

Aufgabe zu 46 b). Nütze dein irdisches Dasein, so bist du des himmlischen sicher. Dein Wunsch war des Gedankens Vater, Heinrich. Wo Unwissenheit Seligkeit ist, ist es eine Thorheit, weise zu sein. Wenn ich gleich fromm bin, bin ich nichts desto weniger Mensch. Muth zeiget auch der Mameluck, Gehorsam ist des Christen Schmuck. Nur ewigen und ernsten Dingen sei ihr metallner Mund geweiht. Nichts ist so schön wie die Wahrheit. Das Wahre allein ist lieblich. Was morgen sein wird, frage nicht. So lange du glücklich sein wirst, wirst du viele Freunde zählen. Wenn ihrs nicht fühlt, ihr werdets nicht erjagen. Wünschte ich mir den Beginn des neuen Jahrhunderts zu erleben, wäre der Wunsch nicht ein Thor? Wenn du geschwiegen hättest, wärst du ein Weiser geblieben. Wär der Gedank nicht so verwünscht gescheit, man wär versucht, ihn herzlich dumm zu nennen. Seid Thäter des Worts, nicht Hörer allein. Pünktlichkeit ist die Höflichkeit der Könige. Die Freiheit, welche die Fürsten ihren Völkern schuldig sind, ist die Freiheit der Gesetze. Der Dörfer und der Städte Plage, verwünscht seist du, gemeine Sage. Sei nicht geschickt, man wird dich wenig hassen, weil dir ein jeder ähnlich ist. Nimm alles vor, es sei so toll es will, heiß' anfangs närrisch, wie Cotill: dein Beifall ist drum nicht verloren. Jedermanns Freund ist bald jedermanns Narr. Es ist nicht alles Gold, was glänzt. Feuer und Wasser sind gute Diener, aber schlimme Herren.

Aufgabe zu 46 d). Was Gott will erhalten, kann nicht erhitzen, noch erkalten. Das Meer darf wohl aufbrausen, aber nicht das Ufer überschreiten. Komme, was kommen mag, die Stund und Zeit durchläuft den längsten Tag. Was man nicht weiß, das eben brauchte man, und was man weiß, kann man nicht brauchen. Ich weiß zwar viel, doch möcht ich alles wissen. Aber die Zeit will ich sehen und den Tag, der gebieten kann, kalt und besonnen zu sein, wenn mich Entzücken durchglüht. Möchtest du beglückt und weise endigen des Lebens Reise. Dem Echo durft ich meinen Schmerz nicht klagen, der Jugend Blüthenzweig war mir verdorrt. Höfliche Worte vermögen viel und kosten wenig. Ein echter deutscher Mann mag keinen Franzen leiden, doch seine Weine trinkt er gern. Wär nicht das Auge sonnenhaft, die Sonne könnt es nicht erblicken. Daß alle Thiere denken können, das scheint mir ausgemacht zu sein. Man darf nur leben, Verdiensten wird die Zeit Recht und Belohnung geben. Man kann unmöglich zwei Herren zugleich dienen. Wo du kannst, da hilf den Dürftigen. Wie das Vermögen, so die Steuer. Ich höre gern, wenn kluge Männer reden und ich begreifen kann, wie sie es meinen. Der schönste Schatz gehört dem Herzen an, das ihn erwidern und empfinden kann. Möge nie der Tag erscheinen, wo die rauhen Kriegeshorden dieses stille Thal durchtoben. Ein Buch kann trotz seiner Fehler kurzweilig sein.

Aufgabe zu 46 e). Den schlechten Mann muß man verachten, der nie bedacht, was er vollbringt. Gott läßt wohl sinken, doch nicht ertrinken. Du sprichst ein großes Wort gelassen aus. Der Worte sind genug gewechselt, laß mich auch endlich Thaten sehn. Vergiß nie, wenn die guten Tage schwinden, daß Gott dich sucht, und laß dich willig finden. Dies Kind, kein Engel ist so rein, laßt's eurer Huld empfohlen sein. Müssen wir verzweifeln und verjammern, gibts keine Freiheit als den Tod? Ich mußte meine Qual verschwiegen tragen, nie hört ich eines Freundes tröstend Wort. Ich hab gethan, was ich nicht lassen konnte. Wer den Kern haben will, muß die Nuß knacken. Kein Mensch muß müssen. Lässige Hand macht arm. Schweig, rief der Gaul, und laß mich ruhig pflügen, denn baute nicht mein Fleiß das Feld, wo würdest du den Hafer kriegen, der dich so frisch und stolz erhält? Die Tugend, die bewacht werden muß, ist der Wächter nicht werth. Gott verläßt keinen ehrlichen Deutschen. Muß ist eine harte Nuß. Ich, sprach er, würde, weil sie fragen, ich würde ganz gelassen sagen, daß man, Geschmack und Dichtkunst zu entweihn, oft nichts mehr braucht, als alt und stolz zu sein. Wer will haben, der muß graben.

Aufgabe zu 47 a—c). O, lern so klug, wie Eulenspiegel sein: im Unglück gern ans Glück, im Glück ans Unglück denken. Wer ein Gesetz der Tugend übertritt, entheiligt in dem einen Falle im Herzen auch die andern mit. Ein kleiner Feind will durch Geduld ermüdet sein. Das Blatt bewegt sich nicht ohne Wind. Was ich vom Schicksal erbeten, hat es versagt, aber statt seiner hat es Kummer gegeben und Herzeleid. Der schlimmste Tag in der Woche ist der blaue Montag. Die Kart' und die Kanne macht manchen zum armen Manne. Es gehen viele Wege nach Darbstadt und Mangelburg. Im ersten Spiel einen Thaler verloren, ist so gut, wie zehn Thaler gewonnen. Lotteriezettel sind Eingangszettel ins Bettelhaus. In Fällen eines außerordentlichen Bedürfnisses können im Wege der Bundesgesetzgebung die Aufnahme einer Anleihe, so wie die Uebernahme einer Garantie zu Lasten des Bundes erfolgen. Berühmt zu werden ist nicht schwer, man darf nur viel für kleine Geister schreiben; doch bei der Nachwelt groß zu bleiben, erfordert wohl noch etwas mehr, als seicht an Geist in strenger Lehrart schreiben. Vom Erhabenen zum Lächerlichen ist nur ein Schritt. Lieber ein Ende mit Schrecken, als ein Schrecken ohne Ende. Wer in der Jugend spart, der darbt im Alter nicht. Der Krug geht, wie ein Alter spricht, so oft zum Brunnen, bis er bricht. Wer immer sich zum Schüler macht, wird immer einen Meister finden. Mein Sprüchlein heißt: Auf Gott vertrau, arbeite brav und leb genau. Aus Gemeinem ist der Mensch gemacht, und die Gewohnheit nennt er seine Amme. O weh, o schrecklichster der Schrecken, fast blieb vor Schreck ich in dem Schrecken stecken. Der Dumme dient dem Klugen mehr zur Belehrung, als der Kluge dem Dummen. Was dir selbst im Innern klar, stellst faßlich du auch andern dar. Die Wahrheit erzeugt nicht so viel Gutes in der Welt, als der Schein der Wahrheit schadet. Am Abgrund leitet der schwindlige Steg und führt zwischen Leben und Sterben. Freund in der Noth, Freund im Tod, Freund hinterm Rücken sind drei starke Brücken. Wer einem Sieger widerspricht, der widerspricht mit Unbedacht. Wenn was auf Erden heilig ist, so ist es eines Helden Wort. Sie singet Lob und Ehre dem hohen Herrn der Welt, der überm Land und Meere die Hand des Segens hält. Der Lenz ist erschienen, er spiegelt sich hell am lustigen Quell im Grünen. Der Mensch ist frei geschaffen, ist frei, und wär er in Ketten geboren. Es liebt die Welt, das Strahlende zu schwärzen und das Erhabene in den Staub zu ziehn. Man kann des Lebens Kunst in eine Zeile schließen: Im Schweiß des Angesichts sollst du dein Brod genießen. Arm in Arm mit dir, so fordr' ich mein Jahrhundert in die Schranken. Etwas fürchten und hoffen und sorgen muß der Mensch für den kommenden Morgen. Brüder, überm Sternenzelt richtet Gott, wie wir gerichtet. Des Lebens ungemischte Freude ward keinem Sterblichen zu Theil. Auf einen groben Klotz gehört ein grober Keil. Wie sich beim Kommen und Gehen der Sonne die Blume mit Thau füllt, füllt sich mit Thränen der Blick. Freude! du kommst oder gehst! Immer strebe zum Ganzen und kannst du selber kein Ganzes werden, als dienendes Glied schließ an ein Ganzes dich an. Glaub, die geheime Schuld verräth sich so gut wie die offene! Was kein Richter erspäht, bringt der Zufall ans Licht. Alten Freund für neuen wandeln, heißt: für Früchte Blumen handeln. Ho, ho! da sieht man ja die ganze Welt im Kleinen: was keiner ist, sucht er doch wenigstens zu scheinen. Mein Herr, rief der Poet, es geht unmöglich an: ich hab aus Eigensinn einst ein Gelübd gethan, nur das Verdienst und nicht den Namen zu besingen. Erfahrung ohne Klugheit ist ein Blinder auf gewohnter Bahn. Wenn ein Hund im Dorfe bellt, bellen alle.

Aufgabe zu 47 d—f). In den Ocean schifft mit tausend Masten der Jüngling; still auf gerettetem Bot treibt in den Hafen der Greis. Wie gut für dich du seist, vorm Ganzen bist du nichtig; doch als des Ganzen Glied bist du als Kleinstes wichtig.

Besucht jemand einen berühmten Schriftsteller, so gleicht er demjenigen, welcher den schwarzen Boden betrachtet, auf welchem die schöne Rose wuchs; das Verhältniß ist dasselbe: Schriftsteller und Werk, Boden und Rose. Der Mensch denkt sich den Boden anders, in welchem die herrliche Blume gewachsen, und er glaubt, jener Mann ist anderer Art, der das herrliche Werk schrieb, und er findet einen Boden und einen Menschen den übrigen ähnlich. Die Art und Weise, Grundsätze anzuwenden, die Farbe, in welcher der Schriftsteller Daten erscheinen läßt, die oft winzigen Bemerkungen, mit welchen er sie begleitet, ein leicht hingeworfenes, billigendes oder tadelndes Wort, wirken täglich auf des Lesers Seele, verflechten sich in seine Denkweise und üben früher oder später Einfluß auf dieselbe. Nehmt hin die Welt, sprach Zeus von seinen Höhn. Wer fremde Sprachen nicht kennt, weiß nichts von seiner eignen; die Kenntniß der Kurzschrift aber kann die Kenntniß fremder Sprachen in mancher Hinsicht ersetzen. Gewohnheit macht den Fehler schön, den wir von Jugend auf gesehn. Es sagt der Mann mit seinem blassen Munde mehr Schönes oft in einer Stunde, als Sie, mein Prinz, durchs ganze Jahr. Streicht euer Geld, das ihr mir bietet, ein, und lernt von mir, gewissenhaft zu sein. Er würde nur Verdruß vom Edelmanne haben, weil der für sein halb Dutzend Knaben mit vielem Stolz kaum dreißig Gulden gibt. Ein Dieb bricht in die Häuser, ein Spieler in die Taschen, meistens in seine eigenen. Es zieht ein stiller Engel durch dieses Erdenland, zum Trost für Erdenmängel hat ihn der Herr gesandt; er führt dich immer treulich durch alles Erdenleid und redet so erfreulich von einer schönern Zeit. Der brave Mann denkt an sich selbst zuletzt. Der Schickung Hand ist stets bereit, der Tugend Werke zu vergelten, sie sorgt mit gleicher Wachsamkeit für jeden Menschen, wie für Welten. Je minder sich der Kluge selbst gefällt, um desto mehr schätzt ihn die Welt. Ein volles Herz gibt wenig Klang, ein leeres klingt aus allen Tönen. Wie sprang, von kühnem Muth beflügelt, beglückt in seines Traumes Wahn, von keiner Sorge noch gezügelt, der Jüngling in des Lebens Bahn. Am Besten ists auch hier, wenn ihr nur einen hört und auf des Meisters Worte schwört. Die Zeiten ändern sich und wir mit ihnen. O, wer weiß, was in der Zeiten Hintergrunde schlummert! Wer den Besten seiner Zeit genug gethan, der hat gelebt für alle Zeiten. Ich sei, gewährt mir die Bitte, in eurem Bunde der dritte. Den Menschen beurtheilt man nach seinen Thaten, eine Gesellschaft aus den Gegenständen ihres Gesprächs. So will ich, fuhr er fort, mich an dem Undank rächen und ewig von mir selber sprechen. Willst du dich selber erkennen, so sieh, wie die andern es treiben; willst du die andern verstehn, blick in dein eigenes Herz. Von andern sagt ein Biedermann das Böse, wenn er muß, das Gute, wenn er kann.

Aufgabe zu 48. Deinen Grabstein kann die Zeit zermalmen, doch die Lorbeern werden dort zu Palmen. Die Ehre, die Wollust und das Geld sind die Götzen dieser Welt. Eins bist du dem Leben schuldig: kämpfe oder duld' in Ruh, bist du Amboß, sei geduldig, bist du Hammer, schlage zu. Hörst du die Nachtigall flöten? Des Meineids Frevel rächt die ewige Vorsicht. Am zehnten November wird im Theater Schillers „Jungfrau von Orleans" gegeben. Herberget gerne. In Demuth findest du das wahre Leben. Lasset keine Nachtigall unbehorcht verstummen. Das Herzogthum Braunschweig gehört zum deutschen Reiche. Hoffahrt ist leicht gelernt, kostet aber viel zu erhalten. Ein guter Name ist ein schönes Heirathsgut. Der Nachtigall reizende Lieder ertönen und locken schon wieder dich, lieblichen Frühling, ins Jahr. Du mußt Amboß oder Hammer sein. Nimm dieses Kreuz, es ist der Lohn der Demuth, die sich selbst bezwungen. Im Jahre eintausend achthundert siebenundsechzig am neunten Januar starb zu Berlin der Erfinder der deutschen Kurzschrift, Wilhelm Stolze. Er war geboren am zwanzigsten Mai siebzehnhundert achtundneunzig.

Aufgabe zu 49 a—g). Vierzehnerlei Handwerke, fünfzehnerlei Unglücke. Wer ein Meister werden will, muß früh anfangen, treu anhangen, immer vorwärts langen. Wer aufwärts will, muß aufwärts blicken. Wer dir als Freund nichts nützen kann, kann allemal als Feind dir schaden. Gemeines will zur Erde, Edles will himmelwärts. Auf einmal wird man nicht der größte Bösewicht. Ein Narr, mein Freund, schweigt niemals still. Gott gebe nur, daß wir manchmal eine harte Nuß aufzubeißen haben; nach solchen Nüssen schmeckt der Tischwein des verrauchten Lebens wieder besonders. Ein Thor find't allemal noch einen größern Thoren, der seinen Werth zu schätzen weiß. Was jeder lobt, ist allemal verdächtig. Und ehe der Jäger noch recht ielt, da hat er für diesmal auch schon verspielt. Da öffneten sich allzumal die rge der Winterschläfer, da spielten an der Sonne Strahl die Mücken und die Käfer. t der alte Hexenmeister sich doch einmal fortbegeben. Es sank der Sonnengott in ien Ocean, um schlafend, wie es alter Völker Glaube war, im goldnen Kahne gs der Erde morgenwärts zu schiffen. Ich bin mit meinem Wort bei allen chermaßen, ich biete meinen Hort so gut hier auf der Straßen, wie in den Zimmern t. Wohl, ich schwörs bei diesem blassen, lieben Engelsangesicht, ich will niemals verlassen, läßt du Gott und Tugend nicht. Ach, daß es doch wie damals wär, h kommt die schöne Zeit nicht mehr. Unsererseits bitten wir um diese Erlaubniß. d Roß und Reiter sah man niemals wieder. Selbst der Styx, der neunfach wüthet, ießt die Wagende nicht aus. Alles, was recht und schlecht ist gethan, geht dich rdings was an. Oftmals zeichnet der Meister ein Bild mit wenigen Strichen, was t unendlichem Wust nie der Geselle vermag. Schlägt mich ein Mächtiger, daß es nerzt, so thu ich, als hätte er gescherzt; doch ist es einer von meinesgleichen, den iß ich wacker durchzustreichen. Kannst du das Höchste nicht erreichen, sei nur der e deinesgleichen. Meinetwegen gedenke gar nicht mein, bleibt nur, was Gutes ich hte, dein. Gott ist allenthalben, er ist allgegenwärtig.

Aufgabe zu 50. Was Hänschen nicht lernt, lernt Hans nimmermehr. Es ist isonst das Feld bestellt, wenn Gottes Sonn nicht dazu scheint. Verlorne Ehr gilt nmermehr. Wer alt werden will, thue bei Zeiten dazu. Er sah nunmehr die hterische Brücke und fühlte schon den Beinbruch halb. Dein Leib besteht aus Staub, zu zierst du ihn so aus? Fürchtet euch nicht vor denen, die den Leib tödten und Seele nicht mögen tödten; fürchtet euch aber vielmehr vor dem, der Leib und Seele derben mag in die Hölle. Geplaudert hast du nimmermehr, du warst mir still und u. Große Weisheit gehört dazu, mit der närrischen Welt närrisch sein zu können. rum gib auf andre Acht, zu sehen wie man's besser macht. Und würfst du die one selber hinein und sprächst: Wer mir bringet die Kron', er soll sie tragen und nig sein! Mich gelüstete nicht nach dem theuern Lohn. Da naht es schnell mit witterschein und wirft sich mit rüstigen Armen hinein und springt an das Ufer Feinde.

Aufgabe zu 51. Hab ich doch das Wort vergessen, ach, das Wort, worauf Ende er das wird, was er gewesen. Als ich ging im Wald, da schlug der Hund, jetzt daheim mein Haus bewacht, urplötzlich an. Das Kreuz ist beiden leicht: wer g darauf gedacht und wer es lang getragen. Gesunkne Nebel zeigen der Thäler che Lust, mit Hütten in den Armen, mit Herden an der Brust, dazwischen Riesen-he, darunter Kluft an Kluft, daneben Wälderkronen, darüber freie Luft. Du machst h roth, wenn ich zugegen, und schwarz, wenn ich abwesend bin. Weil du nun ht die Stunde weißt, wohlan, so rüste deinen Geist, daß er hinfahren mag in ieden. Mein Vater, führ mich immerdar nur selig, wenn auch wunderbar. Ein lecht Gewissen sieht überall Verderben, auch wenns ihm wohlgeht. Ein übler Bissen, ran man erwürgt. Wer anbeißt, läßt selten davon. Die Lügen sind ein böser imen, daraus nie gute Früchte kamen. Man sucht niemand hinter dem Ofen, man be denn selber dahinter gesessen. Ost und West, daheim ist das Best'. Ein Schand-ocken ist leicht gegessen, aber mancher erwürgt daran. Das Unwetter wirft sowohl ige als alte Bäume nieder. Wenn der Teufel ginge in seiner Gestalt, erkennt ihn ermann alsbald. Eine Mauer um uns bau', daß dem Feinde davor grau'. Trüb-und Brennnesseln wachsen überall. Ins große weite Gotteshaus erschwing dich, Seele, und fleuch hinaus und halte Andacht und stimme erfreut ins volle süße ühlingsgeläut. Hast du im Thal ein sicheres Haus, so wolle nicht zu hoch hinaus. ef unten schlägt die Nachtigall, sonst tiefes Schweigen überall. Die ganze Welt ist e ein Buch, darin uns aufgeschrieben in bunten Zeilen manch ein Spruch, wie Gott s treu geblieben. Nun herrschet Ruh und Frieden wohl in der stillen Nacht, und es schläft hienieden, nur Gott im Himmel wacht. Indessen kam die Geisterschar d sah, was noch zu zimmern war. Und mit grünen Halmen schmücket sich der oden alsobald, und so weit das Auge blicket, wogt es wie ein goldner Wald. Was allda gesehen und erfahren, hat seine Zunge nie bekannt. Ganz spät, nachdem die eilung schon geschehen, naht der Poet, er kam aus weiter Ferne. Willst, o Sterb-her, du das Meer des gefährlichen Lebens froh durchschiffen und froh landen im

Hafen dereinst, laß, wenn Winde dir heucheln, dich nicht vom Stolze besiegen, und wenn Sturm dich ergreift, nimmer dir rauben den Muth. Gefährlich ist's, den Leu zu wecken, verderblich ist des Tigers Zahn; jedoch der schrecklichste der Schrecken, das ist der Mensch in seinem Wahn. Es muß ein Gipfelchen sich nicht vermessen, daß es allein der Erde nicht entschossen. Ach, vielleicht, indem wir hoffen, hat uns Unheil schon getroffen. Gewöhnlich glaubt der Mensch, wenn er nur Worte hört, es müsse sich dabei doch auch was denken lassen. Die Zeit rückt unvermerkt heran, in der dein Nachbar sagen kann von dir: Auch dieser ist geschieden. Wenn Sonnenglanz erlischt, tritt Sternenglanz hervor, auf Erden lebt der Tag, die Nacht im höhern Chor. Wo man den Boden im Wasser nicht sieht, da laß deinen Fuß heraus. Stolz geht voran und Schand hintennach. Hast du ein Haus, denk nicht hinaus. Noth und Tod gehen vor keiner Thür vorbei. Heissa, wer tanzt mit mir, lustig und munter, kopfüber, kopfunter? Der Mond, nicht wahr, der schalt doch wieder? O nein, sah lächelnd auf den Mops hernieder, und wird seitdem, wie jedermann bekannt, noch immer Mond, nie Ochs genannt. Die Abendglöcklein klingen so lieblich nah und fern, und fromme Gebete schwingen sich leise hinauf zum Herrn. Guter Mond, so sanft und milde glänzest du im Sternenheer, wallest in dem Lichtgefilde hehr und feierlich einher. Zuvor gethan, hernach bedacht, hat manchen in groß Leid gebracht. Das Gerücht wächst, indem es sich verbreitet. Es zeigt sich der Sänger, er tritt herein, zum Guten bringt er das Beste. Es zieht sich herunter in düstern Reihn, und gellende Hörner schallen darein und füllen die Seele mit Grausen. Auch eine blinde Henne findet bisweilen ein Korn. Wer nicht auf den Baum gestiegen, fällt nicht herunter. Magst du immerhin das veraltete Kleid bürsten, es wird kein neues. Wer die Arbeit liebt, kann überall leben. Wenn der Herr das Haus nicht bewacht, wacht der Wächter umsonst.

Aufgabe zu 52. Mußt du Tod und Jammer senden, ruft er, bis herauf zu mir? Ein Adler hebt die Schildkröt himmelan, damit er sie zerschmettern kann. Und Staunen ergreift das Volk umher, in den Armen liegen sich beide und weinen vor Schmerz und Freude. Nur ein geringeres Bot mag hier anlanden, es liegen felsige Trümmer umher, es braust die beständige Brandung. Dies wissen Alle, doch vergißt es jeder gerne jeden Tag; so komme denn in diesem Sinne hinfort aus meinem Munde nichts. Womit einer sündigt, damit wird er gestraft. Die Lüftlein säuseln lind umher, und auf und ab sie gleiten. Das Kätzlein kommt vom Ofen herunter und springt in der Stube herum ganz munter. Wills Gott, so nehm ich heut sechs bare Groschen ein, dafür kauf ich mir dann ein halbes hundert Eier. Das, sprach der Vater, nimmt mich wunder, wiewohl ein jeder Ort läßt Wunderdinge sehn. Wie steht ringsum versenket die Menge im Gebet, wie blickt auf sie hernieder so himmlisch mild und lind aus Blum und grünen Sträußen die Mutter und das Kind. Geradeaus ist der beste Weg. Ein Klumpen Silber, wenn darein von Gold ein Gran geschmolzen, nimmt nur wenig Goldglanz an; doch hättest du damit das Silber überzogen, es hätte mit dem Schein von Gold die Welt betrogen. Hierher, dorthin schwankt die Schlacht, es brütet auf dem Heer die Nacht. Steig mit Vorsicht und Bedacht, damit hat's mancher weit gebracht.

Aufgabe zu 54. Es war ein Leben rings umher, als ob es ew'ge Kirmes wär'. Mit runden Hölzern und viereckten Knochen ist manche Börse erbrochen. Es quillet heller nicht vom Parnaß die ew'ge Quelle sprudelnd von Fels zu Fels ins goldne Thal hinab, wie Freude mir vom Herzen wallend fließt. Auch die Kunst ist Himmelsgabe, borgt sie gleich von ird'scher Gluth. Und als sollte sie im Wehen mit sich fort der Erde Wucht reißen in gewalt'ger Flucht, wächst sie in des Himmels Höhen riesengroß! Tausend fleiß'ge Hände regen, helfen sich in muntrem Bund. Und Well auf Well sich ohn' Ende drängt, und wie mit des fernen Donners Getose, entstürzt es brüllend dem finstern Schoße. Nimm, o nimm die traur'ge Klarheit, mir vom Aug' den blut'gen Schein! Schrecklich ist es, deiner Wahrheit sterbliches Gefäß zu sein. Meine Blindheit gib mir wieder und den fröhlich dunkeln Sinn! Nimmer sang ich freud'ge Lieder, seit ich deine Stimme bin. Nichtgelehrte mögen hier lernen und Kenner sich der Erinn'rung freun. Wacht auf, der Bräut'gam kommt, ihr müsset ihm entgegengehen.

Aufgabe zu 55 und 56. Den hehren Despoten lieb ich im Krieg, verständ'gen Monarchen gleich hinter dem Sieg. Das Schlechte kannst du immer loben; du hast ür sogleich den Lohn: in deinem Pfuhle schwimmst du oben und bist der Pfuscher ʒutzpatron. Die Franzosen verstehen uns nicht; drum sagt man ihnen ins Gesicht, s ihnen wär' verdrießlich gewesen, wenn sie es hätten französisch gelesen. Die nzösischen Worte sind nicht aus geschriebenen lateinischen entstanden, sondern aus prochenen. Der Haß ist ein actives Mißvergnügen, der Neid ein passives, deshalb f man sich nicht wundern, wenn der Neid so schnell in Haß übergeht. Zu Archi-des kam ein wißbegieriger Jüngling: „Weih mich“, sprach er zu ihm, „ein in die tliche Kunst, die so herrliche Früchte getragen und die Mauer der Stadt vor der mbuca beschützt.“ Er stand auf seines Daches Zinnen und schaute mit vergnügten nnen auf das beherrschte Samos hin. Eine Billardkugel, mit einiger Kraft auf en Körper geworfen, plattet sich ab und nimmt nach dem Abspringen die Kugel-m wieder an. Wenn dem Vaterlande endlich die Kanone brummt und knattert ingewehr, Trompet' und Trapp und Trommel summt, da geht's wohl lustig her! e ich mich nur auf dich werfe, gleich, o Kobold, liegst du nieder. Im Kreis ge-ossen drängte das horchende Volk sich um den zerlumpten Rhapsoden. Könige llen das Gute, die Demagogen desgleichen, sagt man; doch irren sie sich: Menschen, ! sind sie wie wir. Weiß hat Newton gemacht aus allen Farben; gar manches er euch weiß gemacht, das ihr ein Säculum glaubt. Muthig stand an Persiens enze Roms erprobtes Heer im Feld, Carus saß in seinem Zelte, der den Purpur gt, ein Held. Er staunt, als er die stolzen Paire mit Karl auf ihren Knien er-nt, damit sie himmlisch nähre das ew'ge Sacrament. Die Stümper sagen zu ser Frist, du seist ein rechter Egoist. Was willst du lange vigiliren, dich mit der elt herumvexiren? Nur Heiterkeit und grader Sinn verschafft dir endlichen Gewinn. n Cekrops Stadt, von Aulis Strand, von Phocis, vom Spartanerland, von Asiens legener Küste, von allen Inseln kamen sie, und horchen von dem Schaugerüste des ores grauser Melodie. Ein Drache scheint es von Gestalt mit weitem Krokodiles-hen, und alles blickt verwundert an den Ritter bald und bald den Drachen. Der nicht klug, der vieles wagt, geringen Vortheil zu erwischen; das heißet, wie August agt, mit einer goldnen Angel fischen. Ich finde nicht die Spur von einem Geist, d alles ist Dressur. Ein Mensch, der speculirt, ist wie ein Thier auf dürrer Haide ı einem bösen Geist im Kreis herumgeführt, und rings umher liegt schöne grüne eide. Freude, schöner Götterfunken, Tochter aus Elysium. Im Hexameter steigt Springquells flüssige Säule, im Pentameter drauf fällt sie melodisch herab. Ich nd im Traum in dem Rosengarten, beschützt von Linden, hohen grandiosen, sie gten sich wie riesige Standarten auf dieses blutge Schlachtgefild von Rosen. Deiner fte balsamischer Strom durchrinnt mich erquickend, und den durstigen Blick labt das rgische Licht.

Aufgabe zu 57. Warum will sich Geschmack und Genie so selten vereinen? ner fürchtet die Kraft, dieses verachtet den Zaum. Wenn ich in Labyrinthe des nnens mich verlor, trieb plötzlich oft ein Seufzer aus voller Brust empor. Der kte Leichnam wird gefunden, und bald, obgleich entstellt von Wunden, erkennt der stfreund in Korinth die Züge, die ihm theuer sind. Es wälzt sich jeder Gluth-anke bacchantisch und unsterblich fort. Das erste und letzte, was vom Genie ge-dert wird, ist Wahrheitsliebe.

Aufgabe zu 58. Mit Cavendish und Priestley fängt die neue Zeitrechnung Chemie an. Mir genügt nicht eure Lehre: Ebbe und Fluth der Atmosphäre, ıt sichs jeder wie er kann! Will mich nur an Hermes halten, denn des Barometers alten ist der Witterung Tyrann. Niemand ist mehr Sklave, als der sich für frei lt, ohne es zu sein. Sie boten zum Versöhnungsmahle die Hostie dem Kaiser dar, auf smaragdner Schale sie trugen wunderbar. Jeder Sieg aus dunkler Wissens-päre drängt sich ins Pantheon der Ehre. Schon war gesunken in den Staub der ssaniden alter Thron, es plündert Mosleminenhand das schätzereiche Ktesiphon. ı stürzest in die Scylla, wenn du die Charybdis zu vermeiden wünschest. Die vor-ıls deinesgleichen waren, sie zwingt jetzt deines Scepters Macht. Mikroskope und rnrohre verwirren eigentlich den reinen Menschenverstand.

Aufgabe zu 59. Gottes ist der Orient, Gottes ist der Occident. Wer ist der dre, der sich nieder an einen Sturz des alten Baumes lehnt und seine langen, fein-stalt'en Glieder ekstatisch faul nach allen Seiten dehnt? Die Extreme berühren sich.

Im phantasiereichen Menschen liegen, wie in heißen Ländern oder auf Bergen, alle Extreme näher an einander. Die Maximen der Klugheit ersetzen den sittlichen Instinct ungefähr so, wie zwei hölzerne Beine den Mangel der wirklichen. Freundlich werden neue Stunden zu vergangenen sich gesellen, Blüthen, Blumen, wohl empfunden, bleiben ewig Immortellen.

Aufgabe zu 60. Setz dir Perrücken auf von Millionen Locken, setz deinen Fuß auf ellenhohe Socken, du bleibst doch immer, was du bist. Immerfort Chausseen, bis niemand vor Weggeld reisen kann. Wehe den Persern, Römer kommen, Römer ziehn im Flug heran, rächen ihren Imperator, rächen dich, Valerian. Seid umschlungen, Millionen! Der Haß, welcher die Verbindungen beider Monarchien aufgelöst hatte, fuhr fort, die längst getrennten Nationen feindselig zu entzweien. Seht nur das Haus an da drüben, das neue! Wie prächtig in grünen Feldern die Stukatur der weißen Schnörkel sich ausnimmt. Nichtswürdig ist die Nation, die nicht ihr Alles setzt an ihre Ehre.

Aufgabe zu 61. Tantalus gleich steht der Mensch zwischen der Vergangenheit und der Zukunft. Die Limonade ist matt wie deine Seele. Durch die despotische Unvernunft des Cardinals Richelieu war Corneille an sich selbst irre geworden. Freude sprudelt in Pokalen; in der Traube goldnem Blut trinken Sanftmuth Kanibalen, die Verzweiflung Heldenmuth. Im goldnen Zeitalter der römischen Literatur mied man mit größter Sorgfalt die veralteten Wörter, wie die Ausdrücke der vulgären Volkssprache und hütete sich vor der entstellenden Sprachmengerei. Die Ideale sind zerronnen, die einst das trunkne Herz geschwellt. Der allein besitzt die Musen, der sie trägt im warmen Busen, dem Vandalen sind sie Stein. Dem genialen Geschlecht wird es im Traum beschert. Sonst warst du so weit vom Prahlen entfernt, wo hast du das Prahlen so grausam gelernt? „Im Orient lernt ich das Prahlen; doch seit ich zurück bin im westlichen Land, zu meiner Beruhigung fand ich und fand zu Hunderten Orientalen“.

Aufgabe zu 62. Das Interim hat den Schalk hinter ihm. Wie viel Schalke muß es geben, da wir alle ad interim leben! Ihr sucht die Menschen zu benennen und glaubt am Namen sie zu kennen; wer tiefer sieht, gesteht sich frei, es ist was Anonymes dabei. Die Hoffnung kehrt beim ärmsten Alchimisten, die Furcht beim reichsten Wuchrer ein. Vertraut die Wolle nicht den scharfen Advokaten: oft ist, was ihr gewinnt, nicht halb die Kosten werth. Mich umfängt ambrosische Nacht; in duftende Kühlung nimmt ein prächtiges Dach schattender Buchen mich ein. Hier ist Sorbet und, nehmt ihrs nicht so fein mit eurem Alkoran, auch Ciderwein. Ein Mißton verdirbt den Accord.

Aufgabe zu 63. Es ist nicht irdische Musik, was mich so freudig macht, mich rufen Engel mit Gesang zur Mutter, gute Nacht. Der Mechaniker, der Physiker, der Astronom benutzen die Mathematik wie ein völlig unentbehrliches Instrument, welches ihnen als Mittel dient, um gewisse Zwecke zu erreichen. Raublustig und Schrecken verbreitend und arm geleitet Abdalla den Arabarschwarm gen Afrika zu; vor Tripoli stehn die Beherzten im Nu. Hier am Rubicon spaltete sich die Seele des Cäsar, am diesseitigen Strand ließ er die Hälfte zurück. Verjagt eure Natur, und sie kommt in Eile zurück. Ins Innere der Natur dringt kein erschaffner Geist. Die goldne Zeit erstand der griechischen Rhetorik unter den Hadrianen und den Antoninen. Krieg, Hunger und Pestilenz sind unsres Herrgotts Landstrasen. Nächtlich am Busento lispeln bei Cosenza dumpfe Lieder, aus den Wassern schallt es Antwort und in Wirbeln klingt es wieder. Ihm ziemts, die Welt im Innern zu bewegen, Natur in sich, sich in Natur zu hegen, so daß, was in ihm lebt und webt und ist, nie seine Kraft, nie seinen Geist vermißt. Tief und ernstlich denkende Menschen haben gegen das Publikum einen bösen Stand.

Aufgabe zu 64. Nichts Schrecklicheres kann dem Menschen geschehen, als das Absurde verkörpert zu sehn. Absurd allein ist der Pedant. Leben athme die bildende Kunst, Geist fordr' ich vom Dichter, aber die Seele spricht nur Polyhymnia aus. Deutschlands schlimmer Genius war es, der ihm gerade in dieser bedenklichen Epoche einen Rudolf zum Kaiser gab. Bloß Aufschriften sind ja Epigramme, die Treue der Wahrheit aber verleiht oftmals kleinen Gesängen Gehalt. Alles Abstracte wird durch Anwendungen dem Menschenverstande genähert, und so gelangt der Menschenrstand durch Behandeln und Beobachten zur Abstraction. Es gibt problematische aturen, die keiner Lage gewachsen sind, in der sie sich befinden, und denen kein nug thut. Ein König, wird erzählt, der eine schöne Tochter hatte, ließ sich prophe ien, daß das arme Mädchen an einem Spindelstiche sterben sollte. Wißt ihr etwa be Christen, was man Parabase heißt, und was hier der Dichter seiner Acte jedem geschweißt? Sollt es keiner wissen, jetzo kann es lernen jeder Thor: dies ist eine arabase, was ich eben trage vor. Das Epigramm ist gleich den vergifteten Pfeilen r an der Spitze vergiftet oder, gleich dem Rettig, nur am Ende des Schwanzes schärfsten. Eine große Epoche hat das Jahrhundert geboren, aber der große oment findet ein kleines Geschlecht. Der weise Greis ist ein Geweihter, ist ein rophet der jungen Welt, ein Spiegel ihr, in den so heiter und klar die Abend ne fällt. Des Menschen Leidenschaft ist, hat sie nur erst Nahrung, des Krebs schwüres Prototyp.

Aufgabe zu 65. In der Naturforschung bedarf es eines kategorischen Im rativs, so gut als im Sittlichen; nur bedenke man, daß man dadurch nicht am de, sondern erst am Anfange ist. Mit sich selbst zu Rathe gehen, immer wirds besten stehn; gern im Freien, gern zu Haus, lausche da und dort hinaus und trolir' dich für und für, da horchen Alt und Jung nach dir. Incomplete, un lständige Menschen sind diejenigen, deren Sehnsucht und Streben mit ihrem Thun d Leisten nicht proportionirt ist. — Der geringste Mensch kann complet sein, wenn sich innerhalb seiner Fähigkeiten und Fertigkeiten bewegt. Die Verwechselung es Consonanten mit dem andern möchte wohl aus Unfähigkeit des Organs, die rwandlung der Vocale in Diphthonge aus einem eingebildeten Pathos entstehen. issenschaften sind eigentlich Compendien des Lebens: sie bringen die äußern und nern Erfahrungen ins Allgemeine, in einen Zusammenhang. So lange die Rüben kerfabrikation Gegenstand eines landwirthschaftlichen Gewerbes blieb, konnte sie Concurrenz mit dem Colonialzucker widerstehn. Soll dein Compaß dich richtig ten, hüt' dich vor Magnetsteinen, die dich begleiten. Reinecke hörte genau von An ig zu Ende die Rede, lag und lauerte still und dachte: Wenn es gelänge, daß ich n stolzen Cumpan die stolzen Worte bezahlte! Wir sollten denn doch auch einmal as Consequentes sprechen und nicht wie immer Haub' und Shawl und Hut vom une brechen.

Aufgabe zu 68. Ein bedeutendes Factum, ein geniales Aperçu beschäftigt e sehr große Anzahl Menschen, erst nur, um es zu kennen, dann um es zu er nen, dann es zu bearbeiten und weiter zu führen. Die Natur geräth auf Specifi ionen wie in eine Sackgasse, sie kann nicht durch und mag nicht wieder zurück, er die Hartnäckigkeit der Nationalbildung. Das Höchste wäre, zu begreifen, daß s Factische schon Theorie ist. Gemeine Seelen, die sich aber mehr Verstand zu uen, als andern Leuten, machen sich gewöhnlich durch Affectation lächerlich. Blumen t sie aus den Keimen, Sonnen aus dem Firmament, Sphären rollt sie in den umen, die des Sehers Rohr nicht kennt. Sittenzwang und Formelwesen hätten gst die Welt verkümmert, wenn sich nicht Gesang zuweilen durch die Welt er ien hätte.

Aufgabe zu 73. Man will jetzt freilich, man soll immer gehn im Sürtout, in der Pekesche sich zeigen, immer gestiefelt sein; verbannt ist Pantoffel und itze. Im Sonnensystem ist Raum für mehr als für des Zeloten Katheder. Hier gen Scepter und Insignien, worunter des Sesostris Diadem. Nicht der Jugend eb zu scherzen, nicht die Lust an holdem Schein war es, Freund, es war die reine, e Sympathie der Herzen. Wer ist denn der souveraine Mann? Das ist bald igt: der, den man nicht hindern kann, ob er nach Gutem oder Bösem jagt. Es für den Verstand durchaus unmöglich, sich kleine Theilchen Materie zu denken, che absolut untheilbar sind. Acht Competenten meldeten sich zu dieser Erbschaft, en Unzertrennlichkeit durch solenne Verträge festgestellt worden war. Die aphori he Zusammenstellung biographischer Denkwürdigkeiten und geschichtlicher Angaben e systematische Gliederung und Anordnung, wovon Sueton ein Vorbild aufgestellt, d viel Nachahmer, die mehr an Inhalt und noch mehr an Form hinter ihrem bilde zurückblieben. „Sage, warum dich die Menschen verlassen?" Glaubet nicht, sie mich deshalb hassen; auch bei mir will sich die Lust verliere[illegible] jemand zu conversiren. Conversationslexicon heißt's mit Recht, weil, wenn die Conversation ist schlecht, jedermann zur Conversation es nützen kann. Etwa bei gewaltigen Thaten läßt sich auch Anmaßung leiden, bei bescheidenen Resultaten aber sei nicht unbescheiden.

Aufgabe zu 78. Noch bis jetzt gabs keinen Philosophen, der mit Geduld das Zahnweh konnt ertragen. Durch Geschichte, Philosophie und die classischen Studien erwerben wir uns Kenntnisse der intellectuellen Welt, der Gesetze des Forschens und Denkens, der geistigen Natur des Menschen. Die neueste Zeit hat als eine der bemerkenswerthesten Erscheinungen in der Wissenschaft eine Allianz der Physiologie mit der Chemie zu Wege gebracht, der wir über den Lebensproceß im Thier und in der Pflanze ungeahnte Aufschlüsse verdanken. Genau besehen, ist alle Philosophie nur der Menschenverstand in amphigurischer Sprache. Philosophisch bringt man die Menschen in die erbärmlichste Mystik und politisch in eiserne Despotie oder anarchischen Fanatismus, wenn man sich über den gesunden Menschenverstand hinauswagt.

Aufgabe zu 79. In China, woher unsre Culturrosen stammen, wurden seit dem höchsten Alterthum die Rosen mit Vorliebe gezogen, und die kaiserliche Bibliothek enthält unter fünfzehnhundert Werken über Blumencultur und Botanik fünfhundert speciell über Rosen. In Lucian's Prometheus und den Göttergesprächen wird die alte Mythologie mit heiterer Ironie verspottet und das olympische Leben mit poetischem Humor in travestirten Schilderungen vorgeführt. Horch, Trommelwirbel, Pfeifenklang stimmen an Triumphgesang. Genau besehen, haben wir uns noch alle Tage zu reformiren und gegen andere zu protestiren, wenn auch nicht im religiösen Sinne. Manche Menschen sind den Apothekerbüchsen gleich, welche äußerlich oft einen schönen Titel haben, inwendig aber höchstens ein Spinngewebe enthalten.
